LOUIS d'ESLION & J. de la NÉZIÈRE

HUIT JOURS EN ITALIE

PÈLERINAGE
DE LA
JEUNESSE FRANÇAISE A ROME
(Septembre-Octobre 1891)

1892

PARIS. — TÉQUI, LIBRAIRE-ÉDITEUR
85, rue de Rennes, 85

HUIT JOURS EN ITALIE

Portrait de Saint Louis de Gonzague (*d'après Véronèse.*)

HUIT JOURS EN ITALIE

PÈLERINAGE

DE LA

JEUNESSE FRANÇAISE A ROME

(Septembre Octobre 1891)

PAR

LOUIS d'ESLION & J. de la NÉZIÈRE

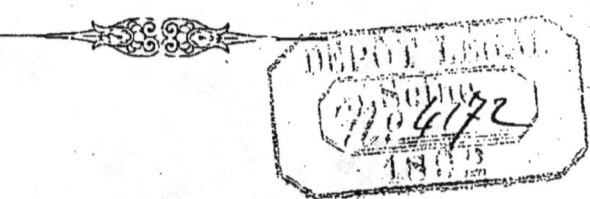

PARIS

TÉQUI, LIBRAIRE-ÉDITEUR

85, RUE DE RENNES, 85

—

1892

AUX MEMBRES DU PÈLERINAGE

de la

JEUNESSE FRANÇAISE A ROME

(Septembre-Octobre 1891)

INTRODUCTION

L'initiative du *Pèlerinage International de la Jeunesse Catholique au tombeau de saint Louis de Gonzague* appartient à la société de la *Jeunesse catholique italienne*. Le projet en a été solennellement approuvé et béni par N. T. S. Père le Pape Léon XIII, dans son bref du 29 octobre 1890, à M. le Commandeur Alliata, *président de la société de la Jeunesse catholique italienne*.

LÉON XIII, PAPE

CHERS FILS, SALUT ET BÉNÉDICTION APOSTOLIQUE

Nous avons reçu avec une vive satisfaction la lettre qui Nous a apporté le témoignage de votre respect et de votre attachement envers Nous et qui Nous a fait connaître en même temps le but spécial auquel vous venez de vous consacrer tout particulièrement. Nous n'ignorons certes pas de quel esprit vous êtes animés, car Nous vous avons vu souvent fournir d'excellentes preuves de piété et de zèle dans des œuvres dignes d'éloges. Ce zèle et cette piété, Nous les voyons se manifester de même dans ce que vous avez décidé de faire à l'occasion du troisième centenaire de saint Louis de Gonzague, c'est-à-dire de réunir à Rome des jeunes gens de tous les pays autour de sa dépouille vénérée. Certes, il est beau de glorifier par des honneurs extraordinaires la sainteté extraordinaire de Louis de Gonzague, et il est plus beau encore que ces hommages lui soient décernés par la génération croissante. Au milieu, en effet, des voies mal assurées et dangereuses où la jeunesse est exposée, la vertu ne pourrait trouver de meilleur soutien que dans les exemples et le patronage du saint jeune homme qui fut un miracle d'innocence. Aussi Benoît XIII, Notre prédécesseur, le proposa-t-il d'une manière spéciale à la jeunesse studieuse, pour qu'elle recourût à lui comme aide, et pour qu'elle le prît pour modèle.

C'est pourquoi Nous louons votre dessein et Nous souhaitons vivement qu'il réussisse conformément à vos désirs, ce que Nous souhaitons aussi par rapport à toute œuvre utile et pieuse que vous pourrez entreprendre, *car les bons catholiques ne doivent en aucun temps rester inactifs ou se laisser décourager, surtout lorsqu'ils voient que l'audace des méchants est toujours prête à méditer de nouveaux assauts.*

En attendant, comme gage des faveurs célestes et en témoignage de notre paternelle bienveillance, recevez la Bénédiction apostolique que Nous accordons affectueusement dans le Seigneur à vous et à toute votre Société.

Donné à Rome, près de Saint-Pierre, le 29 octobre 1890, en la treizième année de Notre Pontificat.

LÉON XIII, PAPE.

L'Association Catholique de la Jeunesse Française a été chargée d'organiser le pèlerinage en France par S. E. le Cardinal Mermillod, dans sa lettre du 10 avril 1891, à M. le Vicomte R. de Roquefeuil, président général de l'Association.

LETTRE DE S. E. LE CARDINAL MERMILLOD

AU PRÉSIDENT DE L'ASSOCIATION CATHOLIQUE DE LA JEUNESSE FRANÇAISE (1)

Monsieur et cher Président,

Je vous félicite de votre réunion de la Jeunesse française. Ce sera la troisième Assemblée générale de votre Association, ce qui indique que Dieu la protège et la développe.

Vous vous occupez, je n'en doute pas, du pèlerinage qui doit avoir lieu au mois de septembre en l'honneur de saint Louis de Gonzague.

La Jeunesse française aura à cœur de prendre part à cette manifestation catholique qui a le double but d'honorer l'angélique jeune homme, et de déposer aux pieds de l'auguste Léon XIII l'hommage de la piété filiale et du courage chrétien de votre Association.

Le Souverain Pontife tient beaucoup à ce que ce pèlerinage soit remarquable et par la dévotion et par le nombre des pèlerins. La France y aura sa part privilégiée.

Je compte donc sur vos soins, sur votre acti-

---

(1) Cette lettre arrivait de Rome à Lyon pendant le congrès de la Jeunesse catholique.

vité intelligente et infatigable pour organiser et développer cette croisade pacifique. Je suis heureux de transmettre à votre Assemblée la bénédiction du Vicaire de Jésus-Christ.

Veuillez, cher Monsieur, exprimer à votre réunion les sentiments d'affectueux dévouement que je porte à votre œuvre.

Croyez à mon amitié fidèle et dévouée en Notre-Seigneur.

Signé : † Gaspard, *Cardinal Mermillod.*

Le comité de l'Association catholique de la Jeunesse française se mit aussitôt à l'œuvre. Il commença par demander aux évêques de vouloir bien désigner, chacun dans son diocèse respectif, un prêtre qui pût prendre en main l'organisation d'une commission diocésaine chargée de faire la propagande, de prononcer les admissions, de recevoir de l'argent pour l'envoyer au Secrétariat général, et enfin de conduire les pèlerins du diocèse. Le président de ces commissions ou son secrétaire devait correspondre, d'une part, avec le Secrétariat général, d'autre part, avec les pèlerins. Les membres, choisis autant que possible parmi les jeunes gens du diocèse déjà affiliés à l'Association, s'emploieraient activement à la propagande.

En même temps, le Comité, par l'intermédiaire des secrétaires de zone, faisait parvenir à tous les groupes de province ce chaleureux appel :

« Le Comité de l'Asssociation catholique de la Jeunesse française est heureux de communiquer aux jeunes gens l'invitation de Notre Saint-Père le Pape les conviant à un pèlerinage au tombeau de saint Louis de Gonzague en septembre prochain. Il espère qu'ils répondront aussi nombreux que possible au désir du Saint-Père. Cet acte de foi appellera sur la Jeunesse la bénédiction divine, sans laquelle ses modestes efforts resteraient infructueux.

Allons donc à Rome avec les jeunes gens du monde entier! Allons prier sur le tombeau de saint Louis de Gonzague et nous agenouiller aux pieds du Père commun des fidèles! Nous y puiserons de nouvelles forces pour nous montrer toujours vaillants soldats du Christ!

R. DE ROQUEFEUIL.
Président de l'Association de la Jeunesse Française

Plusieurs, parmi nos évêques, daignèrent se placer en personne à la tête des commissions diocésaines, les autres en désignèrent les directeurs locaux et transmirent immédiatement au comité leurs bénédictions et leurs paternels encouragements. Citons quelques passages saillants de ces lettres fortifiantes qui ne tardèrent pas d'affluer ; S. G. l'évêque de *Rodez* « approuve volontiers ce projet et bénit les organisateurs de cette pieuse croisade ». L'évêque de *Châlons* « applaudit à la pensée d'organiser, en cette circonstance, un pèlerinage de jeunes gens à Rome. » De semblables acquiescements vinrent de *Cambrai*, d'*Arras*, de *Rennes*, de *Bayonne*, *Lyon*, *Rouen*, *Nevers*, *Angoulême*, *Quimper*, *Orléans*, *Saint-Claude*, *Versailles*, *Grenoble*, *Valence*, *Digne*, etc...

Terminons ces citations par ces brèves et vigoureuses lignes qu'écrivait Monseigneur de *Nîmes* : « Puisse ma bénédiction, s'unissant à celle de mes vénérés collègues dans l'épiscopat, encourager un grand nombre de jeunes gens à vous suivre. On revient toujours meilleur de Rome, parce qu'on y apprend mieux qu'ailleurs à aimer la Sainte Église de Dieu. »

Le comité devint bientôt insuffisant pour mener de front les affaires courantes de l'Association et l'organisation du pèlerinage. Il décida, après vote préalable, de fonder une commission spéciale, dite *commission d'organisation générale du pèlerinage*. S. E. le cardinal Richard voulut bien en accepter la présidence d'honneur.

La présidence effective fut confiée au R. P. Tournade S. J. C'est à cet homme de cœur, rempli de zèle intelligent et de discrète charité qu'il faut attribuer, je le proclame dès maintenant, le bon ordre et la promptitude qui n'ont cessé de présider aux apprêts du pèlerinage pendant la durée de sa laborieuse formation (1).

Dès le mois de Mai, afin de faciliter les rapports entre la commission d'organisation générale, les commissions diocésaines et les jeunes gens désireux de se renseigner, on décida la création d'une petite revue mensuelle intitulée : *Le centenaire de St Louis de Gonzague* qui, après avoir publié les détails des préparatifs, devait mourir dès la fin du pèlerinage et s'annonçait « pauvre feuille éphémère que le mois

---

(1) La commission chargée de l'organisation générale du pèlerinage était ainsi composée :
Président d'honneur : S. E. le Cardinal RICHARD, archevêque de Paris;
Président : Le R. P. TOURNADE S. J., aumônier-directeur de l'Association catholique de la Jeunesse Française;
Vice-présidents : MM. G. ASTOUL; H. D'ESPIES; H. RÉVERDY G. PÉCOURT; le baron J. A. DE BERNON;
Secrétaire général : M. H. MARTIN, membre du Comité de l'association;
Secrétaires : MM. G. DE NIORT; G. LOBLIGEOIS; Ch. MARCOTTE;
Trésorier : M. PAPILLON, membre du Comité de l'Association;
Membres : MM. les Directeurs diocésains et MM. les Présidents des œuvres de jeunesse.

de mai voit éclore et que l'automne emportera. »

C'était la première fois qu'on organisait un pèlerinage de jeunes gens à Rome; aussi la commission s'attacha-t-elle avec soin à éviter les fâcheux contre-temps ou les surprises qui auraient pu naître de l'âge, de la qualité et des habitudes d'indépendance des pèlerins. Elle confia le choix des recrues aux membres de l'Association Catholique de la Jeunesse française qui, en consentant à agréer pour compagnons de route des amis et des parents, et quelques prêtres qui feraient œuvre de mentors, se montrèrent au demeurant très circonspects dans leur délicate besogne. Si l'on avait donné satisfaction à toutes les demandes, ce n'est pas un train que l'on eût rempli mais deux. On préféra — et ce n'était que prudence et sagesse — rabattre de la quantité pour gagner en qualité, et on élagua les candidats sur la piété desquels on n'était pas assez édifié.

Le départ de Paris fut fixé au vendredi 25 septembre, à 2 h. 25 de l'après-midi, et le retour au Dimanche soir 4 octobre, à 8 h. 33 (1).

---

(1). Le prix du voyage était de 247 fr. en 1re classe, de 201 f. en deuxième, de 165 f. en troisième. Il comprenait les frais communs de chemin de fer, les dépenses de nourriture de logement, et en outre, durant deux jours, celles de voiture pour la visite des monuments de Rome.

Enfin le 25 septembre arriva, amenant les pèlerins de province qui s'étaient résolus à prendre le train à Paris. A dix heures on se réunit à Notre-Dame-des-Victoires pour implorer la protection de la Sainte Vierge. Le saint Sacrifice fut célébré par M. l'abbé Boullet, qui devait remplacer à notre tête le R. P. Tournade, à partir de Modane et que plusieurs, parmi nous, apprirent, dès ce moment, à connaître dans « l'union intime qui lie, à l'autel, le prêtre et les « fidèles »; union destinée à se raffermir et à s'accroître dans l'amitié et la gratitude.

Je n'ai qualité que pour parler en mon nom, mais je sais bien que je réponds aux sentiments intimes des pèlerins en manifestant ici leur reconnaissance à ce chef, sous le commandement duquel nous avons été fiers et heureux de marcher, et qui, à travers les épreuves dont a été marqué le terme de notre visite au Siège Apostolique, nous a donné de grandes leçons de calme, de vaillance et de dévouement.

Avant la communion, le R. P. Tournade nous adressa quelques paroles vibrantes qui sont restées gravées au fond de tous nos cœurs :

« Jeunes catholiques, nous allons à *Rome* apporter à l'héroïque *Louis de Gonzague*, notre patron, l'hommage de notre religieuse vénération.

« Nous allons *à Rome*, pour affirmer hautement que nous sommes tous unis d'esprit et de cœur, lorsqu'il s'agit de tenir tête aux ennemis de l'Église.

« Nous allons *à Rome*, afin d'y recevoir les sublimes enseignements de la vérité, de la bouche même de l'auguste Léon XIII, le bien-aimé vicaire du Christ, l'ami de la jeunesse, le vrai défenseur de la liberté des peuples!

« Notre Père très aimant sera consolé et réjoui en voyant à ses pieds la jeunesse de toutes les nations, étroitement unie par les liens de la fraternité chrétienne.

« Nous allons à Rome pour offrir :

A saint Louis nos hommages!

A l'Église notre amour et notre dévouement!

A Léon XIII, notre affection filiale et notre complète soumission!

Voilà pourquoi nous allons à Rome! »

HUIT JOURS EN ITALIE

LE PÈLERINAGE
de la
JEUNESSE FRANÇAISE A ROME
Septembre-Octobre 1891

I

EN VOITURE POUR L'ITALIE!

LE DÉPART. — MES COMPAGNONS DE VOYAGE.
DINERS EN PAQUETS. — LA NUIT. — LE LAC.

NE foule nombreuse et bigarrée encombre les quais de la gare de Lyon. Les employés courent en criant le refrain connu : « En voiture, messieurs, en voiture! » le long d'un train formé des vieux wagons de la Compagnie. Personne ne monte; personne n'est pressé de partir, et tout le monde attend le départ.

Permettez-moi, cher lecteur, de vous présenter le pèlerinage de la jeunesse catholique à Rome, à l'occasion du troisième centenaire de la mort de saint Louis de Gonzague.

Les cinq cents pèlerins courent, causent et se bousculent: ici de braves curés déjà vieux, toujours jeunes, recherchent leurs compartiments à grand fracas; là, un gros monsieur de 1re classe, déjà dans ses pantoufles et empaqueté dans son cache-poussière, ne comprend pas qu'on ne parte pas puisqu'il est prêt. Plus loin un sujet de Mâkoko, complet à carreaux gris, tube et peau noirs vient effaroucher ses compagnons. On entend un cri d'effroi : « Faire le voyage avec un nègre! »

En tête du train, un groupe de jeunes gens, des Bretons en costume du pays, grillent des cigarettes en devisant. En queue, les chefs du pèlerinage et les agents de la *Société des Voyages Économiques* discutent avec force gestes et donnent les derniers avis.

Quelques dames, mères de famille, qui n'ont pu se décider à laisser leurs fils accomplir seuls le périlleux voyage, rangent difficilement leurs paquets dans les filets et commencent les petits ouvrages au crochet qui doivent charmer les loisirs de la route.

Enfin tout le monde est casé. Les retardataires arrivent essoufflés, les portières se ferment. Pères, mères, grandes et petites sœurs, cousins et cousines font à leurs chers voyageurs les suprêmes recommandations :

— Bon voyage, Henri, télégraphie-nous à la première station; rapporte un chapelet de Rome à Jeanne !

Une bonne grand-mère : « Petit Paul, garde toujours ta flanelle... Gare aux morsures des tarentules et des scorpions. »

Un vieux grand-père : « Rapporte-moi quelque antiquité. »

Une voix vibrante : « Bonsoir Alice ! »

Un coup de sifflet, un jet de vapeur, et le convoi se met en marche au milieu d'un froufrou de mouchoirs et d'un concert des cris d'adieu. Hurrah!! On est parti.

Chacun rentre ses bras et sa tête dans son compartiment comme un colimaçon qui se retire en sa coquille. Les fenêtres se ferment. On se retrouve alors seul au milieu des six ou sept compagnons qui sont imposés pour le voyage.

Dans ma voiture, nous nous faisons de mutuelles présentations, en nous apercevant toutefois que nous nous connaissons, étant les uns et les autres membres de la conférence Ravignan.

Nous étions sept : Deux sergents et un aumônier pour quatre soldats. Il est vrai qu'à la tête du train, derrière le tender, nous avions l'honneur d'être à l'avant-garde et la certitude d'entrer les premiers à Rome.

L'aumônier, M. l'abbé Montlezun, prêtre des plus distingués et des plus spirituels de l'archevêché de Paris, devait nous égayer de ses chansons et nous donnait déjà de bons conseils avec de bonnes poires.

Le premier sergent, H. Reverdy, président de notre conférence et jeune avocat plein d'avenir, portait sur sa poitrine la rosette bleue à liserés d'or, auguste insigne du commandement et de la puissance. En lui se réunissaient, pour une fois, deux choses qui semblent inconciliables en ce bas monde : la force et le droit. Mais dans ses yeux purs et mélancoliques, on voyait assez qu'il savait par sa douceur tempérer la force et par sa charité humaniser le droit.

L'autre gradé, un grand blond, avait déjà vu l'Italie. Il nous en donne, dès le départ, un aperçu anticipé; il nous raconte ses excursions et ses chasses au sanglier dans les forêts vierges... des environs de Rome, j'allais dire de la Gascogne. Il nous rassure au sujet des fièvres et des brigands, des tarentules et des scorpions, l'effroi des grand'mères.

Parmi les quatres soldats, nous avons un musicien, C. Halgan. A toute troupe bien montée ne faut-il pas un orchestre? C'est un grand homme bronzé (à Rome on l'appellera l'Africano) qui est artiste jusqu'au bout des ongles. Il remue nerveusement ses doigts sur ses jambes ou sur celles des voisins, exécutant ainsi des harmonies muettes, des romances sans paroles pleines de charmes sans doute... pour lui.

Le train peut être attaqué : nous avons un représentant de l'armée française, F. Clément, candidat à St-Cyr, futur officier, et... un épouvantail, votre serviteur, très grand, très maigre, le chapeau de rapin sur la tête, enveloppé d'une grande couverture, et tenant à la main un crayon et un album sur lequel il croque au vol les arbres qui passent.

Mais je vous garde le meilleur morceau, en vertu du proverbe « les bonnes choses pour la fin », la recrue, *le bleu* de la compagnie, Evariste Rafinaud, jeune garçon rose, aux oreilles proéminentes, au nez légèrement *bourbonien*, prétend-il. Il bouscule tout, bavarde avec esprit, et nous inonde de ses jeux de mots, dont j'émaillerai plusieurs fois mon récit. Un revolver dans une poche, un couteau-poignard dans l'autre, il croit partir pour une véritable croisade ou pour une exploration au pays des fauves et des anthropophages. La suite nous a prouvé qu'il ne se trompait qu'à demi.

En somme, d'aussi aimables compagnons ne devaient pas être le moindre agrément du voyage.

Le pays que nous traversons en quittant Paris manque absolument de *charmes*. En revanche, il est hérissé de *peupliers*. A part les collines de Fontainebleau, toujours la plaine. Nous verrons, il est vrai, bien assez d'*éminences* à Rome.

A La Roche, on entre dans la prose du pèlerinage. D'après les stoïciens, le sage vit de peu ; nous devenons forcément sages. La *Société des Voyages Economiques* (économique, la société, mais non les voyages) distribue les *dîners en paquets*, peu conformes à ses mirifiques programmes. Tout en étant fort gras, ce dont nous nous apercevons à nos doigts et à nos habits, c'est un dîner fort maigre et qui, surtout, manque de sauce. Au fond du sac, du gruyère et encore du gruyère et toujours du gruyère ! et pour être sage, il faut s'en contenter :

> Quand on n'a pas le Véfour que l'on aime,
> Il faut aimer les *p'tits paquets* qu'on a.

Ne sommes-nous pas d'ailleurs des pèlerins, quoique nous n'ayons ni bourdons, ni gourdes, ni coquilles? Au reste, l'appétit venant en mangeant, nous nous efforçons de manger le moins possible et, forts de l'adage « qui dort dîne », nous tendons les bras à Morphée en faisant la nique à la faim. Mais...

> Quand Morphée descend
> Et sur notre paupière verse
> De ses pavots bienfaisants
> Les baumes assoupissants,
> Quand un songe vermeil
> Pendant notre sommeil
> Nous berce...

...c'est très gai de se réveiller en sursaut au bruit d'une canonnade exécutée à nos oreilles par un facétieux voisin, au moyen des sacs en papier dans lesquels l'air comprimé remplace avantageusement notre repas. Au demeurant, le sommeil en wagon, quand on est sept, et que chacun a une ou deux valises, c'est chose difficile. Pas moyen d'étendre ses jambes ni de reposer sa tête. En désespoir de cause nous nous adressons au Romain qui est presque un homme de génie. Il a fait le voyage vingt fois !... Il nous initie à l'art d'arranger un compartiment de façon à satisfaire toutes les lassitudes et tous les appétits. En avons-nous avalé de la poussière !... On se lève, on se bouscule, on prend les coussins, on les empile entre les banquettes et on se couche qui sur le bois, qui sur le lit de coussins, qui sur les autres. Si la portière s'ouvrait, quelle dégringolade ! Dans les vingt-sept autres wagons qui nous suivent, les paupières ont autant de mal à se fermer. A chaque arrêt du train, de nombreux noctambules animent les quais. Les uns, drapés dans leur grand tartan, prennent la file à la porte du « côté des hommes » ou au buffet. Les autres font les cent pas de long en large, ou organisent des courses et des combats à mains plates pour se réchauffer. Nous avons tous des figures étranges, un faux air de brigands qui inspire les plus vives alarmes aux rares voyageurs assoupis dans les salles d'attente. Il ne nous manque plus que des dominos noirs et des tromblons pour être de parfaits Fra-Diavolo.

Mâcon. — Minuit. — Nous appelons un huitième compagnon qui doit nous rejoindre en cette gare et compléter notre wagon pour

le reste du voyage. On le voit poindre aussitôt. Le doux Lugagne se présente, serre la main à tout le monde avec une douce affectation, raconte ses vacances, demande si l'on est encore bien loin de Rome et nous empêche de nous rendormir.

Il était quatre heures du matin, je commençais à m'assoupir quand je fus réveillé par des cris d'admiration enthousiaste : « Le lac du Bourget! Oh! que c'est beau! regarde, mais regarde donc! » Je me levai aussitôt. Le paysage qui se déroulait à mes yeux était vraiment magnifique. La lune disparaissait au couchant, derrière les crêtes blanches de hautes montagnes. A l'opposé, l'aurore commençait à poindre. Des rochers aux reflets bleuâtres entouraient une vaste nappe d'eau calme et limpide que nous longions depuis quelques instants. C'était le lac aux « eaux dormantes », le lac de Lamartine.

Le train courait sur la voie tortueuse, contournant les promontoires, s'enfonçant dans les baies, longeant toujours les bords du lac de si près que la blanche écume des petites vagues venait parfois l'éclabousser.

Nous avancions à toute vapeur. Les montagnes s'éloignaient, l'horizon s'élargissait, de légers brouillards surgissaient du sein des eaux qui clapotaient au milieu des roseaux.

Sur la rive opposée, l'abbaye de Haute-Combe surplombée par la dent du Chat, dressait ses blanches murailles, royales nénécropoles où dorment vingt générations de princes de la maison de Savoie.

II

TÉNÈBRES ET LUMIÈRES

LA VALLÉE DE L'ARC. — LA DOUANE.
WAGONS ITALIENS. — AVANT LE PERCEMENT
DU TUNNEL, LE TUNNEL. — SUSE, BUSSOLENO.
SANT' AMBROGIO.

Ix-Les-Bains, — Samedi 26.

Cher Papa et chère Maman...

Tout le monde écrit à sa famille. On raconte les aventures, les songes de la nuit et l'on traverse l'un des plus beaux pays du monde : la chaîne des Alpes et la Savoie :

Avec leurs grands sommets, leurs neiges éternelles,
Par un soleil d'été que les Alpes sont belles.

Mais les pierres qui bordent leurs torrents sont très glissantes. Un pèlerin l'apprit à ses dépens en voulant puiser de l'eau à la cascade de Saint-Michel. Le malheureux perdit pied et prit, sans le vouloir, un bain froid qui le réveilla tout à fait. Heureusement des mains secourables lui furent tendues et il n'en fut quitte que pour la peur.

La ligne de Chambéry à Modane suit une ravissante et pittoresque vallée que l'Arc ravage pendant neuf mois de l'année et fertilise pendant les trois autres. C'est une sorte de gros ruisseau qui bouillonne entre les rochers, emportant ci et là des ponts et des maisonnettes. La compagnie P. L. M. a déjà dû ré-

tablir la ligne une demi-douzaine de fois. Au fond de la vallée, on aperçoit une cime blanche dominant les sommets environnants et sous laquelle, nous dit-on, nous allons passer. C'est le Mont-Cenis (1).

La locomotive ralentit sa marche ; elle entre en gare de Modane. Nos bagages à la main, nous nous engouffrons dans la salle des visites douanières pour voir de près les fameux gabelous italiens. Leur inspection n'est pas féroce. Ils se contentent de nous corner aux oreilles : tabaccho? On leur répond : Non... no... nein, ils comprennent tout, font sur la valise une croix blanche et nous laissent passer par une porte étroite qu'obstrue la foule qui se précipite au buffet.

Un potage très chaud (toujours trop chauds les potages!) devait nous y attendre. C'est nous qui l'y attendons. A peine avons-nous

---

(1) Les voyageurs s'accordent à confondre le Mont-Fréjus avec le Mont-Cenis, bien que celui-ci soit en réalité à plusieurs kilomètres de celui-là.

le temps d'y goûter; le train siffle; le cri de *partenza* se fait entendre. Les employés italiens, avec leur casquette graisseuse aux quatre lettres de métal S. F. A. I. mal ajustées sur la visière, leur barbe longue de plusieurs mois et leur visage noirci par le soleil et la fumée, nous pressent et nous bousculent : « *partenza per Torino!* » Avant de partir toutefois, j'ai le temps de prendre un petit croquis du paysage et je monte en wagon où je trouve mes camarades dégustant les déjeuners en paquets, seconde édition des dîners : toujours du gruyère au fond du sac !

Nous voici sur les chemins de fer de Sa Majesté Royale d'Italie, Umberto I.

Notre locomotive est italienne, notre chauffeur est italien, et nous partons, cahotés d'une façon toute italienne. La première chose qui frappe les yeux dans ce nouveau compartiment est une inscription en gros caractère : *E vietato il fumare*, et au-dessous: *10 Posti, dix places*, dont un ingénieux plaisant a fait, à l'aide d'un charbon : *10 Rospi... dix cancres*.

Nous sommes toujours en tête du train,

aussi bénéficions-nous encore de la meilleure voiture. Elle est large, commode et agrémentée de deux petits cabinets dont l'un, qui manque trop généralement à nos wagons français, est baptisé du nom charmant et plein de discrétion de *Ritirata* et dont l'autre sert d'antichambre et de prise d'air au premier.

La rampe est raide. Une locomotive nous traîne, une autre nous pousse. Les machines haletantes soufflent et gémissent... Nous gravissons les pentes du Mont-Fréjus. Quelques minutes encore et le train va rentrer sous terre. La voie surplombe Modane et sa vallée. Sur un chemin, nous voyons un petit *pioupiou*, en pantalon rouge, conduisant un mulet. C'est pour nous le dernier soldat de France.

Nous voici dans le tunnel et dans la plus complète obscurité. Nous montons toujours. Nos locomotives font un bruit de plus en plus épouvantable.

Les voyageurs n'ont pas toujours franchi aussi commodément la barrière gigantesque qui sépare la France de l'Italie. Il y a une trentaine d'années, en arrivant à Modane, ils touchaient aux limites des conquêtes de la civilisation, quittaient le confortable wagon qui les avait bercés jusque-là, et se voyaient réduits à user de leurs jambes ou à recourir à la traditionnelle patache. C'est ce second moyen qu'ils employaient le plus souvent. Traînés par de robustes mulets au pied sûr, ils opéraient la périlleuse traversée comme jadis Annibal, Charlemagne et François Ier. Leur coche gravissait péniblement un chemin sablonneux et malaisé, rocailleux et bordé de précipices. L'hiver, le traîneau remplaçait la patache ; les avalanches obstruant subitement les routes exposaient les voyageurs à périr de froid ou de faim. Après quelques heures d'une laborieuse ascension, on se trouvait très heureux de n'avoir pas été contraint (comme le fut M. de Sartige, notre ambassadeur à Rome en 1860) d'attendre bloqué, par la neige une semaine durant, dans un châlet, des vivres et le déblaiement des glaces. Enfin le progrès pénétrant jusqu'à ce pays perdu, vint un beau jour substituer son inexorable prose à ces terribles, mais poétiques aventures. Un chemin de fer à crémaillère fut inauguré en 1870. Accroché comme un souple et tenace reptile aux flancs abrupts de la montagne, il emportait en ses puissants replis le touriste chaudement installé dans un compartiment et contemplant d'un œil paisible les abîmes et les glaciers. Le contraste même de ce petit train enguirlandé d'un panache de blanche fumée et de ces neiges éternelles et vierges qu'il traversait ne manquait pas d'un caractère original et grandiose.

Mais aujourd'hui, ce dernier vestige de pittoresque a disparu. Plus de sommets nuageux d'où le regard étreint à la fois les montagnes de France et les plaines d'Italie, plus de glaciers, plus de précipices. On se laisse engouffrer dans un trou noir et cela semble si naturel que la pensée ne s'arrête même pas à supputer le travail cyclopéen que représente cette immense percée. On ne songe guère à cette calotte de granit qui pèse sur la tête comme une masse de plomb.

Cinq minutes... dix minutes... quinze minutes... pas de changement dans notre situation ténébreuse. Enfin on entrevoit des torches à la flamme rouge et fuligineuse. Une brusque secousse nous arrête. La locomotive d'arrière se détache, redescend vers Modane, tandis que, dévalant rapidement le versant opposé, nous entrons en Italie.

Malgré soi, on éprouve toujours une certaine émotion en quittant la mère patrie. Le langage, les mœurs, l'aspect du pays : tout change. Et, cependant, rien n'a encore changé pour nous, c'est toujours le même tunnel et la même obscurité. Trente minutes. Nous commençons à trouver l'air lourd. Rafinaud, le benjamin de notre compartiment, *dulcis reminiscitur Argos* et fredonne :

Triste exilé sur la terre étrangère...

Le regret de la patrie absente et peut être aussi l'âcre fumée qui nous envahit de toutes parts remplissent ses yeux de larmes...

La respiration devient pénible.... Tout à coup, une vive clarté nous éblouit... Nous sortons du tunnel.

Tout le monde se précipite aux portières pour voir la couleur de l'Italie. Le spectacle qui frappe nos yeux est une véritable féerie : à nos pieds, des ravins profonds où il semble que nous allons nous engloutir, des vallées couvertes de gras pâturages émaillés de fleurs et de troupeaux... Çà et là de petits villages ensoleillés dont les châlets, baignés dans la lumière rose, animent le flanc de la montagne, tandis qu'au-dessus d'eux, les hautes cimes couvertes de glaces éternelles étincellent sur le ciel bleu comme des gerbes de diamants.

Suse apparaît, ramassée sur la rive d'un petit torrent, Suse, autrefois l'une des capitales des Lombards et témoin des victoires de Charlemagne. Elle a conservé de fiers vesti-

ges de cet âge héroïque et domine, comme une « herse haut levée », la route du Mont-Cenis. A contempler sa paix et le tranquille sommeil de ses pierres gardiennes du souvenir de tant de prouesses, nous nous prenons à rêver qu'il ferait bon y mourir. Mais nous n'avons même pas le loisir de la visiter. La vapeur nous entraîne loin de cette attirante cité, tandis qu'un de nos camarades, nous demande, anxieux, si l'on y démêle encore les ruines du palais d'Assuérus et d'Esther?...

Sensation profonde mêlée de stupeur...!

A chaque arrêt du train, nous nous précipitons hors de nos compartiments pour contempler dans leur ensemble ces merveilleux paysages et pour faire connaissance de plus près avec les indigènes qui viennent nous vendre, dans d'élégants paniers, des grappes de raisin doré et les bouquets de fleurs sauvages du pays

.....................où fleurit l'oranger,
Le pays des fruits d'or et des roses vermeilles.

Les employés ont beau crier « *Partenza per Torino!* » Nous ne nous décidons pas à regagner nos voitures, ce qui retarde considérablement la marche du train.

Ils annoncent que nous sommes suivis par un express, qu'un autre express vient au devant de nous, et qu'au moindre retard, l'un ou l'autre nous réduira en marmelade. On ne les comprend pas. Le mécanicien refuse de partir : « *Sara una catastrofe!* s'écrie-t-il. *Io rispondo della vita de' miei uomini!* » Le chef de gare de *Bussoleno* doit monter sur la locomotive et menacer notre mécanicien récalcitrant de destitution pour le résoudre à obéir. Jugez si nous étions rassurés nous qui, grâce au Romain, ayant surpris cet intéressant dialogue, voyions se dresser devant nous, pâle et lugubre, le spectre de Saint-Mandé. Heureusement, les autres pèlerins ne se doutaient pas du danger, sinon la panique eût été générale et je ne sais ce qui serait arrivé.

A *Sant'Ambrogio*, l'express n'est plus, paraît-il, qu'à quelques lieues derrière nous.

On nous fait garer pour le laisser passer et l'on nous annonce, à notre grande joie, quarante minutes d'arrêt : « *Quaranta minuti di fermata!* » La ville, avec ses maisons à balcons entourées de plantes grimpantes, ses rues étroites et tortueuses, ses jardins suspendus aux flancs des montagnes, s'étend derrière la gare et s'offre naturellement à notre visite.

« J'aurai bien le temps me dis-je, de faire un croquis », et prenant ma boîte de couleurs, je traverse la salle d'attente et vais m'installer au coin d'un pont jeté sur un petit torrent. Plongé dans mon étude, sous les yeux d'une horde de naturels en admiration, j'entends subitement des coups de sifflet. Je lève la tête et, à ma grande stupéfaction, je vois notre train se mettre en mouvement et sortir de la voie de garage. Le moment était critique. Je prends mes jambes à mon cou, laissant ahuri mon cercle de gamins et de gamines, et à force de courir, j'ai la chance de sauter sur le marchepied, à l'instant même où le train reprend sa marche. Mes compagnons me croyant perdu, s'apprêtaient déjà à rédiger un télégramme à ma famille. Certes, je l'avais échappée belle. Vous me voyez d'ici à Sant'-Ambrogio, ne sachant que le seul mot d'italien *Troppo caro* et n'ayant pas un sou vaillant dans ma poche. Car, en homme prudent, dans un pays de pick-pokets, j'avais laissé mon porte-monnaie dans ma valise !

L'express « convoi fantastique qui courait sur les rails comme autrefois sur mer le navire maudit de la ballade allemande », s'était probablement égaré en route. Nous n'avons jamais eu depuis de ses nouvelles, et les employés avaient jugé à propos de nous faire repartir avant l'expiration de l'arrêt qu'ils avaient annoncé.

III

TURIN

LE SAINT SUAIRE. — UN CAPUCIN ORIGINAL.
LE SAUVEUR DE LA PATRIE!
DINER DE SIX CENTS COUVERTS.

A vallée de la Doria-Riparia que nous suivions depuis le tunnel s'évase tout à coup. Adieu rochers abrupts, neiges blanches et chalets rustiques! Les Alpes prennent à l'horizon des teintes bleues. Nous entrons dans la plaine du Pô « le beau fleuve au cours tranquille ». Quel luxe de végétation! Des champs de maïs, des mûriers au feuillage luisant, des vignes entrelacées aux arbres fruitiers. Puis des carrés de légumes symétriquement plantés, quelques grandes chemi-

nées de briques, un tramway à vapeur sur une route; sur une cime une église blanche, la *Superga*, de ci de là des maisons rouges, quelques dômes et quelques clochers : c'est Turin.

Nous avons un arrêt de trois heures dont nous allons profiter pour voir la ville et dégourdir nos jambes.

Une députation de la jeunesse catholique piémontaise nous attend très aimablement à la gare dont les quais sont noirs de monde.

On est venu pour nous admirer. Des *carabinieri* criant leur *Circulez, Messieurs :* « *Via via, signori!* » coupent la foule pour nous permettre de gagner la sortie. Quel honneur! Il est vrai que nous valions la peine d'être vus avec nos jolis minois et nos jolies pattes. Je crois qu'on nous aurait pris pour une armée de charbonniers, sans nos ébouriffantes cravates aux épingles d'or.

Nous faisons notre entrée solennelle escortés de cinq cents badauds et d'une foule papillonnante de petits marchands et de prétendus guides qui nous vantent à la fois le bon marché de leurs marchandises et leur connaissance approfondie de la ville. Nous prodiguons les *grazie*, les *non*, les *laissez-moi tranquille*, en nous dirigeant en toute hâte vers la cathédrale où doit être donné en notre honneur un salut solennel. Les chanoines nous attendent dans la chapelle du *Saint-Suaire* pour nous faire vénérer l'insigne relique que Turin garde comme son plus précieux trésor. C'est une longue pièce de toile jaunie par le temps et repliée plusieurs fois sur elle-même. La partie qui s'offre aux regards présente, très visible encore, l'empreinte miraculeuse du corps divin qui attendit dans ses plis l'heure de la résurrection. Lorsque le suaire est déplié dans les grandes circonstances, les princesses de la maison royale ont seules le privilège de recoudre les bandelettes qui le fixent au reliquaire (1).

(1) Plusieurs églises prétendent posséder le Suaire dans lequel fut enseveli Notre-Seigneur après sa Passion, et cette pluralité d'un objet qu'en général on croit devoir être unique a donné lieu à de nombreuses polémiques. En dépit des contestations, chacune de ces reliques est parfaitement authentique. On sait ou plutôt on ignore communément que les Juifs avaient la coutume de revêtir leurs morts de plusieurs suaires distincts. L'un enveloppait le corps, c'est celui de Turin, un autre reposait sur la tête, d'autres encore entouraient les bras et les pieds. On a donc dû retrouver, avec les instruments de la Passion, plusieurs de ces linceuls ayant tous également servi à l'ensevelissement de Notre-Seigneur.

Après la bénédiction et l'ostension des reliques, je m'esquive, laissant mes camarades s'empiler dans des fiacres et parcourir la ville et je vais croquer quelques aspects des bords du Pô. Je descends d'abord une grande avenue bordée d'arcades et m'installe encore au coin d'un pont, mais d'un beau pont, celui-ci entouré de jardins et dominé par des collines vertes semées de couvents et de villas. Je me serais cru à Saint-Cloud sans

la présence, à quelques pas de moi, d'un vieux capucin sec et maigre, au teint hâlé, le nez orné de lunettes vertes et la tête coiffée d'un vaste chapeau gris en poil de lapin. Le bon religieux parlait à une brave femme remorquée par un affreux toutou, exhibait de temps à autre sa tabatière, offrait des prises, et prêtait même son mouchoir à carreaux. Après lui, un officier à l'uniforme multicolore s'arrête à quelques pas de moi et me fixe d'une étrange manière. « Diable! pensai-je, ne va-t-il pas par hasard m'appréhender sous prévention de levée de plans et d'espionnage ? » Je me voyais déjà sous les plombs de Venise. La prudence étant mère de la sûreté, je pliai bagage pour aller chercher ailleurs une vue pittoresque de Turin et les costumes chamarrés de vert et de rouge, inséparables dans notre imagination de l'idée d'italien et d'italienne. Hélas! après avoir marché une heure en vain, je constatai que là comme ailleurs, l'horrible civilisation a laissé son empreinte réaliste. L'Italien se britannise, et partout l'affreux *tube* noir se détache lugubrement sur le ciel bleu. Pour trouver ces vêtements aux couleurs chatoyantes qui s'encadrent si bien dans les tableaux des maîtres italiens, plus n'est besoin de courir si loin. Il faut, nous a dit Rafinaud, « aller.... à Batignolles dans un atelier de rapin ».

Je cherche alors à me diriger vers l'hôtel de *Londra et Caccia Reale* où l'on nous a donné rendez-vous à quatre heures et demie pour dîner. Ce n'est pas chose facile. A Turin, toutes les rues se ressemblent. Elles sont droites, toutes droites et se coupent à angles droits avec une régularité monotone. Tout y est aligné au cordeau; pas la moindre saillie; de ruines nulle part. Les maisons qui les bordent, bâties en briques rouges, sont d'ailleurs hautes et belles. Certaines sont recouvertes d'une couche de peinture qui les fait ressembler de loin « à des gâteaux de Savoie glacés ».

J'arrive bientôt sur une belle place, en face d'une statue qui représente un soldat portant l'uniforme des artilleurs de la fin du XVIIe siècle. J'avais déjà vu et admiré à Turin bon nombre de statues, car la ville ne se fait pas faute de donner ample travail aux sculpteurs et aux « couleurs de bronze ».

Amalgamant ma langue natale avec quelques réminiscences latines, je demande à un Turinois quel est ce grand homme. Il me comprend parfaitement, ce qui me confirme dans ce que j'ai toujours pensé : latin + français = italien, et il me répond en bon français sur un ton légèrement emphatique : « C'est Pierre Mica, le sauveur de la patrie. Assiégé dans la citadelle par votre maréchal de la Feuillade, en 1709, il la fit sauter plutôt que de se rendre ». Cet honnête Turinois paraissait très fier de son compatriote.

On le comprend, *ces héros-là*, les italiens les comptent.

Enfin me voici à l'hôtel. Tout avait été préparé pour nous recevoir dans une vaste galerie. Les pèlerins, à table déjà, savouraient de longues baguettes de pain sans mie, particulières à Turin et qu'on appelle *grissini*. C'était la première et malheureusement, la dernière fois que nous prenions tous place à la même table.

« Dans le reste du voyage nous ne nous sommes plus retrouvés ensemble qu'au banquet eucharistique, les tables du Seigneur étant toujours plus largement ouvertes que celles des humains. »

Après le repas, le vicomte de Roquefeuil, président de l'*Association catholique de la jeunesse française,* porte un toast chaleureusement applaudi aux cercles catholiques de la jeunesse de Turin, dont la députation *nous* a fait les honneurs de la ville. Il nous recommande spirituellement d'assister, le lendemain dimanche, à la messe de la cathédrale de Pise « *au moins tous* ».

M. l'abbé Boullet, directeur du pèlerinage, se lève ensuite pour nous donner des conseils pratiques sur la fin du voyage. Il énumère en terminant les objets perdus. On a trouvé à Mâcon, dit-il, un pardessus clair à col de velours, un porte-monnaie et un revolver!... *non chargé,* ajoute-t-il prudemment. On tient ces objets à la disposition de leurs propriétaires. Les six cents pèlerins d'applaudir le courageux inconnu qui n'a pas voulu quitter Paris sans un revolver dans sa poche et qui a oublié l'essentiel..... de le charger.

Le manteau appartenait à Rafinaud. Le porte-monnaie était celui de Rafinaud et le revolver n'avait jamais eu d'autre possesseur qu'Évariste, qui avait semé les pièces de cet appareil de voyage dans le buffet de Mâcon où il avait du, à la hâte, ingurgiter un potage trop chaud.

Ne le disais-je pas avec raison: «Toujours trop chauds les potages!»

IV

LA MER

UNE INSTALLATION DANS LES RITIRATA.
UN CONTRE DIX. — LEVANTO.

ous souvenez-vous d'avoir lu dans des récits de voyages, ou d'avoir expérimenté vous-même la brièveté du crépuscule aux pays chauds. Elle y est telle que la nuit semble succéder au jour dès que le soleil s'est évanoui au bas de l'horizon. En Italie, ce phénomène est déjà sensible. A peine avons-nous quitté Turin que l'obscurité nous dérobe le paysage. En revanche, nous comptons passer une bonne nuit, réparatrice des fatigues de la journée, sans bouleverser notre nouveau local roulant d'ailleurs plus confortable que notre ancien wagon français. Les plus bavards se taisent, les paupières s'abaissent. Seul, Évariste Rafinaud, toujours ingénieux, se jugeant trop à l'étroit sur la vulgaire banquette, tente une installation nouvelle : il ouvre la porte des *ritirata* et déploie noblement ses membres mi-partie dans ce frais réduit et mi-partie dans le compartiment.

Bercé dans ses premiers rêves du bruit de nos rires discrets qu'il attribue à notre jalousie, il cède bientôt au sommeil du juste.... Mais non, ce sommeil n'est pas d'un juste.. Notre inventif ami s'agite, sans doute sous l'aiguillon de tumultueuses pensées, il frappe des pieds et des coudes les parois de sa chambre à coucher improvisée, et parfois même ses voisins éprouvent le contre-coup de cette dépense musculaire exagérée.

A Asti, des voyageurs demandent qu'on rallume les lampes de leurs wagons qui se sont éteintes faute de combustible. Car, en Italie comme en France, les compagnies de chemins de fer, étroitement unies en cela par dessus les frontières, sont très versées dans l'art de réaliser des économies... surtout lorsqu'il s'agit de transporter des pèlerins. On répond donc à ces importuns : « Allez demander du feu au pape!... » C'était le premier trait d'esprit que nous entendions en Italie. Nous l'avons consigné religieusement dans nos notes pour le livrer à la postérité, mais non sans déplorer que l'auteur, dans sa modestie, ne se soit pas nommé. Enquérez-vous néanmoins, si le cœur vous en dit, au *Capo stazione* d'Asti : peut-être le connaît-il.

J'entends ronfler autour de moi. Je me blottis dans un coin et ferme mes yeux fatigués par la lumière rouge et vacillante de la lampe.

Tout à coup un homme me saute à la gorge. Il est vêtu à la façon des soldats autrichiens, tunique blanche et culotte bleue. « Qui vive? » demande-t-il. Je lui passe mon sabre au travers du corps. Il pousse un cri terrible, chancelle et tombe. Des cavaliers accourent. Ils m'acculent au bord d'un cours d'eau profond. Un contre dix, je n'ai plus d'espoir qu'en la fuite. Je me jette à la nage. Les ennemis se précipitent à l'eau derrière moi. Mais les massifs chevaux, s'empêtrant dans les herbes folles, s'enlisent bientôt dans les fonds mouvants, malgré les efforts désespérés de leurs cavaliers pour les dégager. De la rive opposée, je décime la troupe à coups de pistolet et m'empare de son fanion.

Je me promenais à travers les champs. Au détour d'un sentier, je rencontre, un groupe de généraux chamarrés de décorations. On me présente à un petit homme revêtu d'une redingote grise dont la simplicité contraste avec le luxe étalé par les brillants guerriers qui l'entourent.

— « Bravo, mon vieux camarade, me crie-t-il dès qu'il m'aperçoit, aussi vrai que je m'appelle Bonaparte, je t'attache à ma personne et veux mettre sur ta poitrine la croix d'honneur. Donne-moi la main; tu as bien mérité de la patrie! »

Un choc formidable me fracasse alors l'épaule. Sont-ce de nouveaux agresseurs. Je me retourne en sursaut... et... oh! affreuse réalité... réveil amer... Je me retrouve dans un compartiment de chemin de fer!!! Ma rapide épopée au pays de la gloire n'était qu'un rêve!... un rêve comme on en fait dans tous les pays du monde; mon champ de bataille ne s'étendait pas au-delà des banquettes, et les eaux de la Bormida où je m'étais probablement jeté, avaient pour cause première dans mon imagination le fond d'une bouteille renversée qui doucement et froidement, inondait mon pantalon. Une valise dégringolant du filet avait rompu d'un heurt brutal la trame de mon beau songe.

Cependant nous traversions les plaines de la Bormida et nous passions auprès de Marengo et de Novi, lieux si chers au souvenir français.

Nous ne nous arrêtons qu'un instant à la

gare d'Alexandrie où, comme à Turin, une députation de la jeunesse catholique de la ville vient nous apporter un fraternel salut. Puis nous franchissons le col de Barletta.

Bientôt un obstiné veilleur, C. Halgan, l'émule intrépide de Mozart, pousse des exclamations mélodieuses : « La mer, la mer, est-ce beau ! » Ainsi qu'au lac du Bourget, on s'éveille en sursaut et l'on se précipite aux fenêtres.

La mer nous montrait son immensité bleu sombre. Nous étions arrivé sur le littoral, en face de San-Pierr'-d'Aréna et, d'un coup d'œil, nous embrassions tout le golfe de Gênes. En gens bien stylés, nos parisiens prodiguaient les compliments de rigueur à la Méditerranée, pendant que Gênes illuminait la côte de ses mille feux nocturnes qui projetaient sur les flots de longs et minces rayons d'or. Des vaisseaux aux lanternes rouges se croisaient dans le golfe en tout sens, et de lourds paquebots faisaient retentir, parmi le clapotement rythmé des vagues, des coups de sifflets pressés en un son sourd et bas...

Mais le train brûle les rails et nous entraîne

dans d'interminables tunnels qui soustraient à nos regards l'altière ville aux palais de marbre. Nous nous en consolons en pensant à la station que nous y promet au retour notre itinéraire.

Une heure plus tard, le train s'arrête sur un long viaduc en pierre près de la petite gare de *Levanto*. A gauche, les Apennins dressent leurs crêtes dentelées; à droite la Méditerranée s'étend à perte de vue.

Rafinaud descend le premier pour respirer, dit-il, à pleins poumons les brises tièdes du midi. Tout le monde l'imite bientôt. On cherche le buffet. Dans une boutique en planches encadrée de feuillage, au milieu duquel se balancent quelques lanternes vénitiennes, nous trouvons un petit café qui nous réchauffe et nous permet de braver impunément le sommeil et la fraîcheur.

Diane, que l'on peut appeler ici la sœur d'Apollon, lance d'un ciel constellé les traits de son arc divin sur tout le paysage. Les montagnes ont des reflets gris sillonnés de taches noires. Les villas font au milieu des jardins l'effet d'une page blanche sur un tapis vert foncé. La mer, comme une nappe lumineuse dont les vagues roulent des étincelles, caresse mollement les piles du viaduc.

Ajoutez à cela des ombres humaines dévisagées par les éclairs sanglants qui jaillissent du foyer de la locomotive, les coups de sifflet, le bourdonnement de la vapeur se mêlant aux tintements précipités du timbre électrique... dring, dring, dring... ces sensations harmonisées, me tiennent rivé au parapet du viaduc, en proie à l'indicible émotion que provoque en nous l'idéal.

Ce spectacle réalisait vraiment pour moi le paysage de mes rêves de jeune artiste. Je n'avais jamais rien imaginé de plus beau.

Mes amis, comme moi, sont muets d'admiration. Les poètes seuls, toujours nombreux où sont nombreux les jeunes gens, au paroxysme de l'inspiration, épanchent le trop plein de leur âme en vers libres sur la mer, les montagnes et la lune. D'autres récitent, enthousiastes, ces belles strophes de Victor Hugo :

J'étais seul près des flots par une nuit d'étoiles.
Pas un nuage au ciel, sur la mer point de voiles.
Mes yeux plongeaient plus loin que le monde réel.
Et les bois et les monts et toute la nature
Semblaient interroger dans un profond murmure
Les flots des mers, les feux du ciel.

Et les étoiles d'or, légions infinies,
A voix haute, à voix basse, avec mille harmonies
Disaient, en inclinant leurs corolles de feu,
Et les flots bleus que rien ne gouverne et n'arrête
Disaient, en recourbant l'écume de leur crête :
C'est le Seigneur, le Seigneur Dieu !

Ah ! ceux qui n'ont vu que la Manche et la mer du Nord n'ont aucune idée de la sérénité de ces nuits d'été sur la Méditerranée. On reconnaît la « douce mer » dont les flots « chéris » berçaient dans le golfe enchanté de Parthénope l'amant inspiré de Graziella.

V

PISE

LE DOME. — LA TOUR PENCHÉE.
LE CAMPO-SANTO. — A TRAVERS LES RUES.
UN FIASCO DE MARSALA.

IL est quatre heures lorsque nous arrivons à Pise. La lune a disparu derrière les montagnes; l'obscurité est complète. Nous nous précipitons néanmoins vers la sortie de la gare pour courir à la cathédrale. Mais nous errons dans un dédale; à Pise, pas de guides à quatre heures du matin. Tous à la file, nous débouchons dans des rues éclairées par des réverbères si rares et si tremblotants que, loin d'assurer notre marche, ils la contrarient en faisant vaciller les ténèbres autour de nous. Derrière les grillages et les barreaux de fer forgé qui défendent les fenêtres, aucune lumière ne brille : ce n'est partout que silence et que recueillement, à peine troublés par la cadence assourdie de nos pas et le murmure étouffé de nos lèvres. Nous cédons à l'attrait de cette quiétude qui ressemble à la mort et sous laquelle nous devinons comme l'haleine suspendue de la vie. Est-ce la ville de la belle au bois dormant ?

Mais non, car voici de vagues silhouettes qui glissent, furtives, sous les voûtes sombres, et s'enfuient à notre approche comme les merveilleux fantômes enfantés par les sublimes délires des Hoffmann et des Edgard Poë. Ce sont simplement des policiers ou des chiffonniers qui ont fini leur nocturnes besognes.

Nous franchissons l'Arno sur un beau pont de marbre blanc. Le ciel se teinte de lueurs roses, et, touchés de la première pointe de l'aurore comme d'une flèche qui rompt le charme de leur sommeil, les Pisans se réveillent. Aussitôt se répand dans la ville une tourbe de mendiants pleurards qui accourent se pendre de tout le poids de leur feinte humilité aux fragiles cordons de nos bourses. Leur prétexte, en nous abordant, est de nous vendre des photographies et des miniatures en albâtre de la Tour penchée, qu'ils nous offrent de ce ton traînant et enveloppant de supplique demi-insolente propre aux idiomes italiens qui sont bien la langue des dieux, a dit humoristiquement le président de Brosses, car ils sont celle des obsessions et de la politique qui partageaient les jaloux habitants de l'Olympe.

Nous arrivons à la place du Dôme: C'est le *forum* de l'ancienne Pise dont elle renferme les plus remarquables monuments : la Cathédrale, le Baptistère, la Tour penchée et le Campo-santo.

A Pise comme à Turin, et malgré l'heure matinale, une députation du Chapitre nous attend pour nous faire les honneurs de la Basilique et faciliter aux prêtres pèlerins la célébration de la sainte messe. Très drôles les petits clercs indigènes habitués, aux *ous* et aux *oum !* Ils s'effraient fort de la prononciation française du latin et s'embrouillent dans leurs réponses.

M. l'abbé Boullet prend la parole au grand autel. Il nous montre dans notre pèlerinage un acte de foi et d'espérance : un acte de foi, parce que nous croyons à la sainteté et à la vitalité de l'Église, dont nous allons vénérer le chef; un acte d'espérance, parce que nous souhaitons et espérons par nos prières l'exaltation de la sainte Église et le relèvement de la France.

Nous chantons ensuite des cantiques français pendant que les premiers rayons du soleil pénètrent à travers les vitraux, et font jaillir à nos yeux ravis les délicates et fortes beautés de la nef.

Des fidèles arrivent au son des cloches.

Nous sortons, après une courte visite aux bas-côtés, par la merveilleuse porte de bronze ciselé auprès de laquelle un pénitent noir sollicite notre charité.

Mon premier pas en quittant la cathédrale me porte à la Tour penchée... Vraiment penchée la Tour...

Cinq mètres d'inclinaison à la base sur 54 mètres de hauteur. Pris du désir d'une vue d'ensemble de Pise, je m'engage dans un petit escalier qui, creusé en colimaçon dans l'intérieur des murailles, mène jusqu'à la plate-forme. La montée est laborieuse; l'espérance du panorama qui m'attend là haut me soutient,... enfin je touche au sommet où je trouve mes amis accoudés à la balustrade :

A l'ouest, c'est la mer que ride à peine une brise légère, les vastes forêts de pins sombres qui se pressent sur les rives livourniennes et la plaine coupée des zigzags de l'Arno. Au nord, les montagnes de Carrare nous apparaissent blanches comme neige. A l'orient, se dressent les premiers massifs des Apennins avec la ligne de collines qui cache Lucques au regard des Pisans :

Perch'i Pisani veder Lucca non ponno.

Et, au sud, nous apercevons la Toscane que confinent, à l'extrême horizon, les Maremmes : foyer de fièvre d'où s'élèvent de glauques vapeurs.

A nos pieds : la Cathédrale, le Baptistère, le Campo-Santo, la grande place couverte d'herbes, les murailles crénelées avec leurs portes ogivales, les coquettes maison peintes, les dômes moutonnants et les jardins enchevêtrés. Les cloches retentissent à toute volée; la tour tremble. Nous jetons les yeux vers la base de l'édifice : nous ne l'apercevons pas... Nous sommes comme suspendus entre ciel et terre...

Je redescends par la pente douce qui se déroule en spirale à l'extérieur de la tour et que bordent de légères colonnettes. Mais le pavé est si glissant que je risque, à chaque instant, de passer entre les mailles de ce mince filet de pierre.

Mourir de la Tour penchée, c'est un sort digne d'envie. Mais le moment n'est pas venu..... je n'ai pas encore vu Naples. Les Anglais surtout ont une prédilection pour ce genre de trépas, aussi, est-il absolument interdit aux *ladies* et aux *gentlemen* d'opérer seuls l'émouvante ascension. J'arrive en bas sans encombre, un peu plus vite que je n'aurais voulu, mais sain et sauf,

La place du Dome à Pise

ce qui est l'essentiel. En souvenir de mon ascension, ou plutôt de ma descente périlleuse, j'achète une petite tour en albâtre « aux airs penchés, » portrait microscopique de la grande, et, mon monument dans la poche, je vais entendre au Baptistère l'écho célèbre dont les harmonieux accords font croire à des voix d'anges qui seraient cachés dans la coupole. J'entre ensuite au Campo-Santo. A la vue des fresques symboliques d'Orcagna et des chaînes du port, gisant brisées aux pieds de l'Inconsolabile, il me semble relire l'histoire de la Pise d'autrefois...

Pise, Pise l'évanouie, où sont tes riches marchands et tes sveltes galères qui sillonnaient les mers d'Orient? Où sont ces farouches potentats sous qui tes querelles intestines te firent souvent ployer le front? Que sont devenus ces citoyens, gardiens jaloux de ton indépendance devant les doges prévaricateurs et les Ugolini parjures! Ces soldats généreux, hommes, femmes, enfants qui combattaient des Français au cri de : Vive la France?...

Pise, tout cela n'est plus qu'un souvenir.

Ton enceinte paraît maintenant trop grande pour ton peuple décimé; tes somptueuses demeures sont vides de guerriers, le bruit des joyeuses fanfares militaires ne s'y fait plus entendre et l'éclat des opulentes toges de tes marchands-rois n'y brille plus ! Tu as perdu à jamais ta puissance et ta liberté même. Seuls, quelques monuments vainqueurs des siècles, attestent, dans leur altière mélancolie, quelle fût ta grandeur. On ne voit plus s'asseoir à leur ombre que de rares promeneurs qui rêvent, ou des mendiants qui traînent leurs haillons sur tes marbres profanés !

Je rassemblais dans ma pensée tous ces contrastes, témoignages de la fragilité et du néant des peuples autant que des hommes, en foulant cette terre bénie, transportée de Jérusalem aux âges de foi, et qui retentissait sous mes pieds comme la voûte légère de la maison souterraine où loge la mort; maison d'attente, maison provisoire qui s'écroulera pour ouvrir passage à ses hôtes aussi doucement que l'aurore s'efface devant la pleine lumière du jour !

Sept coups monotones frappés à une horloge voisine m'arrachent à ma méditation, et je reprends le chemin de la gare par des rues détournées, évitant celles que suit la masse des pèlerins et me fiant à mon caprice du soin de diriger mes pas : vrai moyen de voir une ville.

L'aspect général de Pise m'apparaît maintenant moins désolé mais triste encore. Presque pas de magasins, guère d'habitants. Des portes de palais mi-closes laissent entrevoir des cours entourées de sortes de cloîtres aux colonnettes dénudées, et l'herbe pousse entre les dalles intérieures et aux arêtes des murailles.

De temps à autre, au coin d'une rue, se dresse une fontaine publique ornée de statues de marbre blanc; des femmes se pressent pour y emplir de petites cruches en cuivre. J'aperçois un marché à l'extrémité d'une

ruelle qui se déroule sous des ogives; j'y cours aussitôt, espérant y trouver des costumes pittoresques. Hélas ! Je suis déçu de nouveau

et toujours ! Les Pisans, comme les Turinois, ont troqué leurs draperies multicolores et leurs broderies nuancées contre d'uniformes et sombres vêtements : les vêtements « de tout le monde » dans le siècle « de tout le monde » qui n'est celui de personne. Ils n'ont gardé de l'originalité de leurs habits que la crasse et les accrocs qu'ils ne semblent pas porter avec la même crânerie que leurs pères dans les tableaux de Buontalenti. En revanche, le *mercato* m'offre d'excellents fruits et je fais trouvaille chez un épicier du cru d'un vin dit de Marsala, du cru aussi sans doute. L'honnête homme néanmoins me le donne, sur son âme, pour natif de la célèbre vigne sicilienne, (que n'ajoute-t-il, du cep même planté par les mains du second Scipion !) Cependant le *fiasco*, qui garde en ses flancs ce breuvage, est si joli, si antique, si fidèlement étrusque, en dépit de sa matière moderne, que je me résouds, pour l'amour de l'art, à me laisser voler encore une fois.

Mais au fait vous ne savez pas ce que c'est qu'un *fiasco*. Quelle ignorance ! Imaginez un mince ballon de verre « emmanché d'un long col » et artistement entouré de tresses de paille qui le protègent contre les chocs éventuels.

J'apporte triomphalement mon achat, ma découverte, à mes compagnons qui me félicitent de mon génie archéologique et me remercient du réconfort que je leur procure en ce petit vin demi-corsé qui, pour être du Marsala de Pise, n'en était pas plus mauvais, et ne nous en aida pas moins à reprendre d'un cœur satisfait et d'un œil attentif la *Via Roma*.

VI

CAMPAGNE DE PISE ET CAMPAGNE DE ROME

FOLLONICA PER MASSA MARITIMA !
LES MAREMMES ET LEURS HABITANTS.
— ON ARRIVE A ROME.

« *Bonum vinum lætificat cor hominum.* »

Certes, notre admiration de bonne volonté avait besoin de ce secours artificiel car la campagne Pisane n'est pas *folichonne*, selon le propos d'un de mes amis, amateur réaliste. Si vous voulez-vous en faire une image exacte, pas n'est besoin de recourir à la Société des voyages économiques. Sans quitter la Ville Lumière ou toute autre de France et de Navarre, donnez-vous la peine d'acquérir dans un bazar pour la forte somme de 95 centimes, un de ces petits villages en bois fraîchement sortis des doigts alertes d'un ouvrier de Nuremberg ou de la Forêt-Noire : *amusement des enfants et tranquilité des parents*. Puis, rentré chez vous, disposez harmonieusement sur votre cheminée les menus arbres peints en vert, les maisonnettes de bois jaune ; placez les coqs et les cocottes au premier plan, les chèvres et les bergers dans le lointain, et, vos pieds sur les chenêts, admirez la campagne de Pise !

Mais un détail important, par exemple,

que vous ne sauriez rendre dans cette reproduction en miniature, ce sont les *bambini*, les gamins du pays, qui, à toutes les gares, viennent cabrioler sous nos yeux et crier : « *Viva la Francia!* » pour avoir un sou. Nous leur distribuons aussi nos *fiaschi* dont les panses rebondies ne recèlent plus que quelques gouttes de nectar qu'ils happent avidement, ravis de notre générosité. « Il faudrait, nous insinue l'un d'eux, qu'il y eut, tous les jours, des pèlerinages à Rome; nous ne serions plus obligés de courir à Paris pour y jouer de l'*organetto*. »

De grands champs de roseaux commencent à succéder aux vignes et aux bouquets d'ifs et de cyprès. Les maisons se font rares. On dirait que la *casa cantoniera* que nous

4.

rencontrons de loin en loin, dans sa morne solitude, est la seule habitation du pays de la fièvre : car nous voici dans les trop historiques *Maremmes* où, dit le proverbe, l'on s'enrichit en un an et l'on meurt en six mois. La note triste domine de plus en plus. La *Malaria* nous effraie. Nous fermons les fenêtres et, pour la première fois, nous trouvons le trajet long. Rafinaud, sans cesse ingénieux, exhibe des cartes et propose un baccarat général. M. l'abbé Montlezun, avouant qu'il voudrait bien lire son bréviaire, se retire dans un coin et nous prie de ne pas faire trop de tapage. Reverdy, dont l'austérité se refuse aux vains jeux de hasard, se recueille dans une étude approfondie de Baedecker. Le Romain dont nous dérangeons l'assoupissement très voisin du sommeil, bougonne des protestations inarticulées. Seuls, les cinq soldats, (car nous étions cinq soldats depuis que le doux Lugagne nous avait rejoints à Mâcon) nous perdons vaillamment nos sous, et le combat cesse faute de combattants. Le Romain se réveille alors, Reverdy referme son guide qu'il doit désormais savoir par cœur et M. l'abbé se lève en s'écriant : « J'ai fini ! Amusons-nous tous ensemble ! » On cherche des divertissements nouveaux auxquels tout le monde puisse prendre part. On hésite d'abord entre la main chaude et... cache-cache !!! et l'on se décide enfin à chanter à tour de rôle, une chanson. Si le soleil ne s'est pas voilé la face, c'est qu'il était ce jour là d'une bonne humeur invincible

Un des couplets qui réunirent le plus de suffrages (jugez des autres) fut :

Il était !.. Il était !..
Il était un pauvre moine
Qui n'avait qu'une chemise
Elle était à la lessive
Et c'était... un moine sans chemise.

Follonica per Massa Maritima! dieci minuti di fermata! La mer n'est qu'à 300 mètres de la gare. C'est la première fois que nous la revoyons de près depuis Levanto. Une envie folle et irrésistible nous entraîne au rivage. Mais en 10 minutes comment faire 600 mètres par dessus les haies et les barrières ? Tout le monde cependant succombe à la tentation. Curés et séminaristes en tête, comme une avalanche, nous dégringolons des compartiments; et sautant les fossés, nous empêtrant dans les ronces nous gagnons le sable fin de la grève ; tout y est resplendissant depuis le disque éclatant du soleil, jusqu'à la figure enluminée par la course d'un vieux monsieur qui, des premiers arrivés, ramasse des coquillages. Clément voulant rapporter un souvenir  vivant de cette escapade et désespérant de trouver une huitre ou une moule, galoppe derrière un petit lézard gris qu'il attrape par la queue et qu'il emprisonne dans un fiasco.

A mes côtés, un jeune abbé, sans se presser ôte ses souliers et ses bas, et prend tranquillement un bain de pied délicieux ; tandis que, toujours curieux du côté artistique des choses, je m'installe sur des algues sèches et prends pour mon compte, une vue de la baie et de l'abbé.

Cependant quelques pèlerins, restés timidement et prudemment sur leurs banquettes, se plaignent au chef de train de notre longue absence. « Appelez-les, lui disent-ils, faites siffler la machine... ils vont se noyer.. nous n'arriverons jamais à Rome! » — « Que voulez, leur répond-il bonnement, ce sont des enfants, *sono bambini*, il faut bien qu'ils s'amusent! »

Et le train resta en panne jusqu'à ce qu'il nous plut de quitter la grève et de regagner nos wagons.

Si nous ne pouvions plus ramasser des coquillages ni nous baigner les pieds, nous avions au moins la consolation de voir la mer à travers les champs de roseaux et les bois d'eucalyptus.

L'île d'Elbe émergeait au lointain des flots entourée du groupe des petites îles *del Giglio*. Quelques-uns prétendaient même apercevoir la Corse et l'île de Monte-Cristo.

A Corneto, nous sommes au milieu des terres, en pleines Maremmes. Une ligne de collines grises borde l'horizon. Sur chacune d'elles se dressent de petits bourgs fortifiés de hautes murailles crénelées et d'une demi-douzaine de tours carrées, plus ou moins penchées, disent encore les yeux perçants, depuis qu'ils ont vu la tour de Pise. Corneto était autrefois une importante garnison de zouaves pontificaux : c'était une ville frontière des anciens États de l'Église. Nos pères y étaient chez eux, car ils avaient arrosé de leur sang cette terre où nous ne passons plus qu'en vulgaires étrangers.

Toujours des plaines marécageuses couvertes d'un jonc très court. C'est un désert triste et sauvage dont la monotonie est à peine rompue par quelques *tumuli* formés des débris d'anciennes tombes étrusques, et çà et là, par des bandes de chevaux sauvages et de buffles gris, coiffés de cornes interminables. Des hommes à cheval, drapés d'un grand manteau, la tête garantie du soleil par un chapeau aux larges bords et tenant à la main une longue pique, galopent autour des troupeaux ou regardent passer le train, ce sont les pâtres gardiens de ces troupeaux, les vrais rois de ce désert.

Une odeur âcre qui vous prend à la gorge monte du sol humide, combattue aux environs des gares et des bourgs, par le parfum des eucalyptus qui sentent si bon et dont le feuillage nous est si nouveau que nous en cueillons les branches basses à la volée pour embaumer nos *ritirata* et orner nos portières.

Le jour baisse peu à peu, nous passons à Civitta-Vecchia dont le port nous montre par dessus les toits des maisons les mâts de cent bâtiments. Le soleil lance ses derniers rayons sur toute la campagne environnante. Une vapeur d'or qui s'élève de la mer se répand sur la plaine et l'enveloppe tout entière, semblable à ces nuées miraculeuses au sein desquelles Homère fait marcher les dieux. Plus que deux heures et nous serons

à Rome, mais deux heures à passer dans la même campagne plus triste et plus désolée, à mesure que le disque du soleil s'enfonce dans les flots. Rafinaud, le front collé à la glace, nous demande où sont les villas, où sont les jardins qui doivent nécessairement égayer les environs d'une capitale. De jardins, de villas, nulle trace désormais, aux portes même de Rome le désert commence ; de quelque côté que l'on sorte de la ville, au bout d'une demi-heure, on se heurte au néant, ou, tout au plus, contre des tombeaux qui sont encore l'image du néant. Mais Rafinaud ne s'en tient pas là; il cherche à découvrir dans les premières ténèbres de la nuit la coupole de St-Pierre, et, telle est sa préoccupation, que maintes fois il lui arrive de confondre avec elle, ô Michel-Ange pardonne lui! une hutte de roseaux ou une meule de foin; ce sont en effet les seuls édifices de ces solitudes; les habitants du pays sont pauvres, se nourrissent exclusivement de bouillie de maïs, et, au cœur de l'été, émigrent dans les montagnes avec leur unique fortune : bœufs, chevaux et chiens. Leurs habitations rappellent celles des Indiens Sioux; elles ne se composent que d'une pièce, au centre de laquelle, sur deux pierres, brûle un peu d'herbe sèche ou de tourbe dont la fumée s'échappe par un trou pratiqué dans le sommet du toit. Tout autour sont rangées des paillasses où dorment et mangent des gens aux traits ravagés par la fièvre.

Il fait nuit. Des lumières pâles scintillent sur les bords d'un grand fleuve. Nous passons sur un pont de fer et, longeant des murs crénelés, coupant des routes, nous entrons dans la gare de la ville Éternelle.

Notre musicien assoupi, se réveille en sursaut, les yeux blessés par un jet de lueur électrique. Des sons rauques, réminiscences confuses des chansons des Maremmes, sortent étouffés de son gosier : « Il était, il était, il était, un pauvre moi... oine. »

VII

ROME LA NUIT

LAURATI. — COMMENT UN CIGARE RÉCALCITRANT
PEUT DEVENIR
LA CAUSE DE GRANDS ÉGAREMEMTS.

ENFIN ! Nous y sommes et nous y resterons... cinq jours ! Quel soulagement ! Nous avons atteint sans encombre le but de notre voyage et de nos rêves. Comme les croisés jadis en arrivant à Jérusalem, nous nous disposons en mettant pied à terre à remercier le Tout-Puissant et à considérer la ville antique du haut de laquelle « les siècles nous contemplent. » Mais les croisés étaient à cheval, revêtus d'armures d'acier, et, sur des collines

pittoresques, s'apprêtaient, la lance au poing, à monter à l'assaut de la ville sainte. Tandis que nous, oh! progrès de la civilisation, nous avons pour montures des wagons, pour boucliers d'énormes valises, pour lances des roseaux arrachés en route et nous ne songeons à donner l'assaut qu'à nos fiacres. Ne croyez pas cependant que ce soit chose facile. Il nous faut traîner nos valises sur la voie à travers les fourgons, les marchandises, la cohue générale et nous rendre chacun auprès d'énormes pancartes qui portent le nom de nos hôtels respectifs.
Les jeunes gens des *circoli di S. Pietro* et de l'*Immaculata* nous attendaient sur les quais, à la tête d'une foule de curieux moitié sympa-

thique, moitié indifférente, maintenue par un cordon de *carabinieri.*

Nous passons par une grande porte derrière la pancarte *Laurati.* Sur la place de la gare les agents en grand uniforme, pour nous éblouir sans doute, nous empilent dans des fiacres, jettent à nos automédon le nom gracieux de *Laurati* et nous filons au milieu de la foule par les jardins de la place *de Termini.* Entendu au passage : *E tutta roba di collegio, sono figli dei carabinieri Papalini,* ce sont tous des collégiens, ce sont les fils des gendarmes du Pape.

Nous descendons la *via Nazionale,* le grand boulevard de Rome, illuminé d'innombrables lampes Edison et nous arrivons à l'*albergo.*

Superbe l'*Albergo Laurati!* l'un des premiers de Rome, tout y est de marbre et poli comme marbre, les garçons en sont stylés et le propriétaire, *il Signor Laurati,* sait unir au *galbe* anglais la politesse française et la douceur italienne. Il nous reçoit dans le vestibule de l'hôtel, à bras ouverts, bien entendu, et nous distribue les numéros de nos chambres, aidé d'un agent de la *société des voyages éco-*

nomiques qui doit veiller à ce que rien ne manque à notre groupe, tant sous le rapport de la nourriture que sous celui du logement. Deux amis partagent ma chambre, le livre et le bilboquet, le Romain et Rafinaud. La Providence se mêle décidément de mon voyage ! Ah ! la bonne chambre aussi que la nôtre ! pleine de lumière et si grande que les trois lits y dansent à leur aise et quels lits ! Celui que Rafinaud choisit a bien trois mètres de large sur quatre de long. En contemplation devant cet édifice, se rappelant sans doute sa gymnastique des nuits précédentes :

« Ah ! chic alors, s'écrie-t-il, en voilà un dans lequel je pourrai me promener à l'aise toute la nuit ! »

Le fait est qu'il y gambadera si fort en dormant que chaque jour il se réveillera par terre.

Après une toilette en règle, frais comme roses, nous descendons mollement assis sur les coussins de l'ascenseur à la salle à manger qui m'est une nouvelle surprise. Tous les pèlerins, au nombre de 49 qui forment notre groupe, et dont je vais faire connaissance, sont assis autour d'une large table confortablement servie. Un lustre aux mille bougies éclaire cette scène appétissante. Mes compagnons de compartiment sont au centre. Reverdy préside. Nous occupons la tête de la table comme nous avons fait la tête du train.

Entre la poire et le fromage, sirotant un petit vin de Velletri, je dévisage les commensaux. Vraiment il y a de bonnes figures : des curés, des collégiens, deux dames et le gros monsieur de 1re classe, au cache-poussière entrevu à Paris en gare de Lyon. Je parlerai d'ailleurs plus loin des types qui n'ont point encore émergé, lorsqu'ils se seront signalés par quelque action d'éclat.

A peine sortis de table nous sommes pris d'un véhément désir d'excursion aux environs de l'hôtel. Peut-être serait-il préférable de nous coucher de bonne heure; mais nous sommes jeunes et du reste le Romain lui-même nous entraîne, prétendant que rien ne vaut, pour se délasser, un tour au clair de lune.

Nous partons tous les huit à la recherche de quelque ruine. A notre porte la plus antique de toutes s'offre à nos yeux : les derniers vestiges des murs de Romulus sur la place *Magna-Napoli*. Nous tournons à gauche et montons au Quirinal, grande caserne sans cachet éclairée à la lumière électrique et défendue par quatre ou cinq sentinelles somnolentes. C'est la demeure du Roi. Evariste regrette que nous n'ayons pas eu la chance d'apercevoir d'abord celle du Pape.

En descendant les pentes des jardins du Quirinal, je cours à un bureau de tabac, *sale e tabacchi*, pour me procurer un cigare. Je reçois des mains de la marchande un *siciliano* d'un sou, sorte de long cigare roulé autour d'une paille, sans prévoir de quel mauvais sang il va m'être l'occasion. Il est si dur à fumer qu'il faut que je ralentisse continuellement le pas pour brûler des allumettes, quitte à rattraper à la hâte mes camarades. Je m'arrête pour la millième fois au coin d'un carrefour, mais sans plus de succès et quand je me retourne, je suis seul au milieu d'inconnus dans une ville inconnue. J'enfile la première rue à droite, la première à gauche, la première à droite encore... le bruit d'une cascade frappe mes oreilles, je distingue au fond d'une petite place, à la lueur des becs de gaz, une sorte de bassin coupé de jets d'eau et de statues sans nombre. J'appris plus tard que c'était la fontaine de Trévi.

Non loin de là, j'oye les sons harmonieux d'une harpe et d'une guitare et des chants qui sortent d'un café. J'entre dans l'*osteria* pour me reposer et demande un *rosolio*, espèce de chartreuse. Je commençais à être très ferré sur la langue italienne. Le garçon m'apporte une glace. Pendant une heure, dégustant mon rosolio ou plutôt laissant fondre ma glace, j'assiste à un concert de bouffons qui tirent d'auditeurs naïfs de larges éclats de rires par leur mimique endiablée.

Tout à coup les chants cessent et qu'entends-je? *la Marseillaise!* Je me lève supposant une politesse de ces bons italiens et m'apprête à leur répondre par un « Vive les Romains » sonore, quand, attiré sans doute par l'air national, un prêtre français se jette dans mes bras.

— Monsieur vous êtes français, s'écrie-t-il, je suis perdu, pourriez-vous m'indiquer le chemin de l'hôtel Suisse?

— Justement, monsieur l'abbé, j'allais vous demander celui de l'albergo Laurati.

— Voilà deux heures que je cours...

— Eh bien! sortons ensemble, nos lumières unies éclaireront peut-être notre route.

Nous débouchons bientôt sur une vaste place en face d'une grande colonne.

— Tiens, s'écrie mon nouveau compagnon, mais on dirait la copie de la colonne Vendôme?

— C'est la colonne Antonine, j'en ai vu la photographie.

— En l'honneur de qui a-t-elle été élevée celle-là? . . . .

. . . .

Enfin, après des tours et des détours sans nombre, nous nous décidons à prendre un fiacre qui, en cinq minutes, nous ramène chacun à domicile : nos hôtels étaient à deux pas; nous avions plusieurs fois passé devant sans nous en douter. Il était une heure du matin, j'étais exténué.

VIII

SAINT-IGNACE ET SAINT-PIERRE

LA MESSE AU TOMBEAU DE SAINT LOUIS.
UN SÉMINARISTE MINUSCULE.
LE TIBRE. — LE DRAPEAU.
L'AUDIENCE PONTIFICALE.

Il n'y a rien de tel qu'une bonne nuit pour vous *retaper* un homme, dit Rafinaud en se réveillant sur sa descente de lit, ah! que j'ai bien dormi! les sommiers valent mieux que la plume!

— Allons, mes amis m'écriai-je, levé déjà depuis une heure, habillez-vous vite, il ne faut pas perdre de temps si nous voulons voir Rome en cinq jours!

Il est inscrit au programme que l'on doit commencer la journée par une visite au tombeau de Saint Louis de Gonzague; c'est en son honneur qu'est organisé le pèlerinage. Aussi nous dirigeons-nous, dès le matin, vers Saint-Ignace où l'on vénère les reliques du jeune saint; nous y devons assister à la messe de communion dite par S. E. le card. Parocchi, vicaire de S. S. Léon XIII.

Aux environs de l'hôtel, de nombreuses églises, une infinie variété de monuments que nous n'avions qu'entrevus dans notre promenade nocturne de la veille nous arrachent des exclamations de surprise. Aussi les questions tombent-elles dru comme grêle sur le pauvre Romain qui sue sang et eau à répondre à tout le monde.

Ce sont d'abord les jardins suspendus de la villa d'Aldobrandini, les églises de Sainte-Catherine-de-Sienne et de Saint-Dominique, la tour du haut de laquelle Néron contempla l'incendie de Rome; puis un aperçu de ce que l'on me dit être le forum de Trajan, avec une colonne surmontée d'une statue de bronze, (autre copie probablement de la colonne Vendôme???); le palais de Venise avec sa façade bysanto-mauresque et ses simulacres de créneaux; le Corso, forum de la Rome nouvelle, qui a donné son nom à toutes les promenades mondaines de l'Europe, le Corso avec ses beaux magasins, ses grands cafés et la foule qui flâne. Imaginez une seconde avenue de l'Opéra qui aboutirait à l'Obélisque de la place du Peuple, au pied du *Monte Pincio* ou une miniature de l'avenue des Champs-Elysées avec des maisons au lieu d'arbres et large seulement de dix mètres. Un pèlerin rassis déclare lui préférer la rue Montmartre.

Nous tournons à la hauteur du collège Romain, vaste cave où la science fermente depuis plus de trois siècles. Des mendiants encombrent le perron de Saint-Ignace et sous prétexte de soulever la lourde portière matelassée qui obstrue l'entrée de l'église, ils contribuent à en boucher le passage.

Nous sommes dans un beau temple où l'or et le marbre n'ont point été ménagés, bien qu'en réalité ce soit l'une des églises les moins riches de Rome.

Autour de l'autel de Saint-Louis de Gonzague des jeunes gens de toutes les nations se pressent, recueillis et font toucher au tombeau leurs chapelets et leurs médailles. Je renonce à décrire cette chapelle splendidement décorée en notre honneur. On est saisi d'étonnement devant tant de richesse, devant tant de grandeur! Des lustres de cristal, des colonnes de bronze tordues en spirales, des panneaux de lapis-lazuli et de malachite, encadrent un bas-relief de marbre blanc dominant l'autel et figurant l'apothéose du patron de la jeunesse. Partout ce ne sont que tentures rouges, lampes et cierges.

S. E. le Card. Vicaire commence la Messe. Nous chantons des cantiques français au désespoir des Allemands qui entonnent de leur côté des chants tudesques. Après l'évangile, Son Eminence qui parle notre langue avec la plus grande facilité veut bien nous adresser cette éloquente allocution que je ne puis me résoudre à ne pas transcrire tout entière :

Messieurs,

« Que sera un jour cet enfant? demandait-on à Zacharie à la naissance du précurseur. Les faits ont donné une première réponse. Il est devenu le « Baptiste » du Sauveur, il est devenu le Précurseur du Messie, le martyr qui donna sa vie pour le témoignage de la vérité, l'ami intime de Jésus-Christ de qui il a reçu un grand éloge dont sa mémoire resplendit par tous les siècles.

« Que pensez-vous que devienne cet enfant? disaient les habitants de Castiglionne à la naissance de Louis de Gonzague, à la naissance de cet ange, le meilleur des Gonzague; et les faits ont donné une seconde réponse. Il est l'ange de l'innocence et le martyr de la pénitence. Il est la gloire de sa maison très noble et très illustre. Il est la gloire de la compagnie de Jésus entourée déjà de tant de gloires. Il est le modèle des cœurs et le type de la régularité des cloîtres. Il est le type et le modèle des âmes brûlées par les flammes du

Sacré-Cœur, le modèle des âmes qui cultivent dans le silence de la vie intérieure la perfection chrétienne. Il est surtout le modèle et le patron de la jeunesse étudiante à qui il a été proposé, donné, comme l'espérance de l'avenir, par le pieux Pontife qui venait de le canoniser dans le siècle dernier.

« Et trois siècle sont passés sans rien effacer de toutes ses gloires, de nombreux miracles ont montré et les splendeurs de ses vertus et la place élévée qu'il occupe dans la maison éternelle.

« Que deviendra-t-il? La réponse part de vous-même, mes chers Frères, car ce jeune enfant, ce jeune fils de saint Ignace, si mûr à la perfection la plus consommée, vous demande l'aumône et le concours de vos œuvres; il vous prend comme confrères et comme auxiliaires dans la grande œuvre du salut de la jeunesse dans le siècle futur. Il nous dit : si je suis votre modèle, imitez-moi. — Imitez donc la pureté angélique des mœurs de cet enfant qui est le type de l'innocence même. Imitez la sainteté de saint Louis de Gonzague et la régularité sans tache de sa vie. Imitez même l'assiduité de cet enfant à l'étude, la pénétration de son intelligence, le sérieux de sa vie, la diligence avec laquelle il a étudié non seulement les lettres latines, italiennes et françaises même; mais encore les mathématiques, la métaphysique et la théologie. Imitez donc cet ange des étudiants, cet ange des écoles dans son innocence; mais aussi, en très fidèles disciples, imitez sa grande philosophie et sa théologie parfaite.

« Tel est votre patron, aidez-vous à le suivre. Il y a ici beaucoup de jeunes gens qui travaillent à la grande œuvre de la jeunesse étudiante internationale; eh bien! entraînez-vous, faites tout pour sauver tant d'âmes généreuses qui ne voudraient pas tomber dans les pièges du monde qu'elles ne connaissent pas; secourez-les, ces âmes qui, si elles suivaient notre jeune modèle comme elles suivent leurs passions, seraient semblables à des saints. Aidez à les préserver ces âmes, de la mort par les mauvaises lectures, par les enseignements de l'impiété et des mauvais exemples, et ne quittez point ce tombeau, ne quittez pas ces ossements qui prophétisent encore, sans promettre à saint Louis de Gonzague d'imiter fidèlement dans ses vertus le parfait modèle de la jeunesse étudiante; sans promettre d'être ses amis les plus intimes, de gagner et de conduire à lui un grand nombre d'amis qui sont aujourd'hui ses acharnés ennemis; sans lui dire : « Saint Louis de Gonzague, non pas adieu, mais au revoir, dans une autre circonstance, dans quelques heures peut-être, consolés de la sombre tristesse des jours présents. Au revoir dans l'imitation de vos exemples, au revoir dans la fidèle exécution de vos préceptes, au revoir dans les siècles des siècles. Ainsi-soit-il. »

A la communion, d'après une coutume du pays, on nous distribue en *ricordo*, (en souvenir) de notre pèlerinage, la photographie du tombeau de saint Louis, tandis que deux chœurs, alternant nous préparent aux harmonies de la chapelle Sixtine. J'avoue toutefois avoir prêté peu d'attention à leurs chants, tout occupé que j'étais à examiner un bébé de dix ans revêtu d'une longue soutane et orné d'une tonsure microscopique, séminariste minuscule que sa maman mouche et qui tient à la main son bréviaire et son grand chapeau !

À notre sortie, on nous annonce que le pape va nous recevoir en audience dans la journée. En deux bonds nous sommes à notre hôtel où nous expédions à la hâte notre déjeuner.

— *A san Pietro! presto!* crions-nous joyeusement à un cocher, et nous partons au trot pour la basilique. Sur notre route le palais Massimi avec sa colonnade et ses cours sombres, de fraîches et pures fontaines puis des maisons en constructions, d'autres en ruines et toujours des églises. Les romains qui se promènent, en se chauffant au soleil, nous montrent du doigt à leurs marmots qui ouvrent de gros yeux étonnés : « *Francesi, vedi Francesi!* »

Le Tibre apparaît tout-à-coup. Nous le franchissons non pas sur le fameux pont Saint-Ange condamné momentanément, mais sur un grand pont de fer suspendu de la façon la plus disgracieuse du monde sur le fleuve blond. *Blond* est ici un aimable euphémisme; en vérité le Tibre n'est qu'une rivière boueuse, encaissée et profonde. « Ah! s'écrie l'un de nous, je ne voudrais jamais me noyer dans cette eau là! »

A part cette couleur douteuse, nous trouvons fort jolis les environs du pont de fer et très curieux l'antique mausolée d'Adrien surmonté de la statue de saint Michel. Mais le coup d'œil devait être bien plus pittoresque, il y a quelques années, lors qu'on y voyait les bases déchiquetées du Janicule, les anciens bosquets des *Prati-di-Castello* et les vieilles maisons, aux balcons en fer forgé, qui plongeaient dans le fleuve leurs fondations enchevêtrées parmi les substructions antiques.

Nous n'avons plus maintenant sous le regard que des quartiers éventrés, des murs croulants sous la pioche des démolisseurs, les travaux inachevés et inachevables des quais modernes, des maisons uniformes et massives, élevant péniblement à travers les ruines leurs étages sans style, vague architecture que les romains admirent, dit-on, de confiance, l'attribuant au genre Parisien.

Notre cocher, nous engage dans la grande rue du *Borgo* au fond de laquelle, nous voyons se dessiner sur l'azur du ciel, la coupole de la basilique. Comme de vrais enfants, nous fermons les yeux pour les rouvrir sur la place Saint-Pierre devant la belle colonnade couronnée de statues, qui l'enserre comme deux bras gigantesques. A quelques pas de nous, l'Obélisque de Sixte-Quint, porté par quatre lions d'airain, dresse dans les airs la croix victorieuse. Sur les côtés de la place, deux fontaines lancent des gerbes d'eau qui se pulvérisent en retombant et décomposent les rayons solaires en brillants arcs-en-ciel.

A première vue la place ne me semble pas aussi grande que je me l'étais figuré; l'intérieur de la basilique devait me produire la même impression. Cela tient à l'admirable proportion des parties de l'édifice qu'on n'arrive à juger exactement qu'après une longue et minutieuse expérience.

Au delà de la colonnade nous atteignons une vaste porte de bronze : c'est le seuil du dernier domaine terrestre de l'Eglise!

Détachées de la petite armée pontificale, des sentinelles suisses, dans leur uniforme aux bandes de drap jaune, rouge et noir gardent cette porte, la hallebarde à la main.

Ce sont de fiers soldats, capables un jour, comme jadis leurs frères, en France, de mourir en défendant leur souverain.

Dans la longue salle des pas-perdus, sont déjà réunis les divers groupes du pèlerinage international de la jeunesse. Des étudiants de toutes les nations: Allemands, Anglais, Autrichiens, Belges, Canadiens, Espagnols, Equatoriens, Français, Hollandais, Hongrois, Maltais, Mexicains, Ottomans, Polonais, Portugais, Suisses se coudoient et échangent de fraternelles poignées de main. Quelques-uns qui ont eu l'heureuse idée de venir en costume national donnent un relief original à l'assemblée. Ce sont les Maygars dans leurs opulentes pelisses de fourrures, les Orientaux aux larges vêtements de couleurs éclatantes et nos bretons coiffés de leur immenses chapeaux aux grandes ailes.

A côté de la bannière blanche et bleue de notre Association, nous reconnaissons MM. de Mun, de la Guillonnière, Harmel, M. l'Abbé Boulet, le Vte de Roquefeuil et les membres du comité.

Soudain de longs vivats retentissent, le drapeau français traverse nos rangs; il ondule au-dessus de nos têtes et vient, porté par les lyonnais, abriter sous ses plis tricolores le groupe le plus nombreux, le groupe de la jeunesse de France. Nous le saluons de clameurs enthousiastes, cris d'amour, de joie et d'orgueil; les Canadiens, les Hongrois, les Suisses, mêlent leurs acclamations aux nôtres. Il nous semble que c'est l'âme de la patrie qui passe au milieu de nous, l'image de la douce France.

Depuis, nous avons entendu demander de quel droit les pèlerins avaient *traîné* le drapeau national au Vatican, et cela, par un monsieur *catholique* qui *va à la messe* (1) !

Vers midi, le maître de chambre de S. S. appelle par lettres alphabétiques les divers groupes de pèlerins, et les range dans Saint-Pierre.

En entrant j'éprouve d'abord comme à la vue de la colonnade une sorte de déception.

Mais bientôt la grandeur des détails me découvre à mesure que j'avance, la grandeur de l'ensemble. Ce qu'il me semblait pouvoir toucher de la main ou enlacer de mes bras, s'élève à mon approche bien au-dessus de ma tête. Mon étonnement va croissant à chaque pas. Je me sens tout petit, tout isolé malgré mes trois mille compagnons qui disparaissent au milieu de ces immensités. A peine distinguons-nous un léger

---

(1) M. Q. de Beaurepaire. — Procès de S. G. l'Archevêque d'Aix.

bruit de pas et voyons-nous sous les arcs élancés se profiler de temps à autres, sveltes, élégantes, les bannières et les oriflammes brodées des associations.

— En face de ces voûtes dorées et gigantesques, dit auprès de moi un monsieur à favoris, je suis atterré, fasciné, anéanti!

— Comment croire, répond un jeune prêtre, que l'homme avec ses faibles moyens ait pu construire un tel édifice! Ne sont-ce point plutôt les anges qui ont placé ce dôme sur ses quatres piliers..... Voyez-vous les quatre Evangélistes de la coupole?... Eh bien! la plume de saint Luc a deux mètres de long. J'ai lu cela dans mon guide.

Attendant l'arrivée du Pape, les pèlerins rangés dans les bas côtés, de la chapelle du Saint-Sacrement à celle du Chapitre, s'adossent aux piliers, aux balustrades, aux confessionaux, car à Saint-Pierre comme dans beaucoup d'églises romaines, il n'y a pas de chaises; elles nuiraient, paraît-il, à l'effet architectural.

Enfin des acclamations enthousiastes nous

annoncent l'entrée de Léon XIII. Il commence à donner audience aux pèlerins de la nef gauche ; nous ne le voyons pas encore. Mais bientôt les cris se rapprochent. Des suisses, des camériers ecclésiastiques en violet, des porteurs en livrée de damas cramoisi apparaissent, et enfin le pape. Sa blanche soutane et sa pâle figure se détachent sur le fond rouge du fauteuil où il est assis. Une indicible émotion s'empare de nous, le drapeau français s'incline, nous tombons à genoux : Vive le pape ! vive le pape roi ! Il s'arrête devant le drapeau, le saisit, l'attire vers lui et, le baisant : « Je l'embrasse, dit-il et le bénis ; » puis, il bénit aussi notre bannière et le comité du pèlerinage que lui présente M. de Mun. Il passe ensuite dans nos rangs, adresse quelques mots paternels à chacun de nous, reçoit lui-même nos modestes offrandes et nous donne à baiser sa main fine et transparente sans trahir la moindre fatigue. Son visage rayonne de la joie d'un bon père heureux d'être entouré de ses enfants.

Lorsque mon tour vint de porter à mes

lèvres cette main vénérable, je fus tellement ému que je ne pus répondre aux douces paroles du Pontife. Je ne sais ce que je balbutiai, un nuage obscurcit mes yeux, et, lorsque je revins à moi le cortège était déjà loin.

IX

LE JANICULE

LES VIERGES FOLLES. — St ONOFRIO.
UNE DIGRESSION A PROPOS D'UN SAVANT CARDINAL.
PANORAMA DE ROME.
AUTRE DIGRESSION A PROPOS DE LA VILLA
PAMPHILI.

près avoir reçu la bénédiction du pape il nous reste à voir Rome, et à la voir en cinq jours tandis que plusieurs mois suffiraient à peine à nous en montrer les principales beautés; aussi sans perdre de temps sortons-nous de la

Basilique pour hêler deux *botte* (deux fiacres).

Depuis notre arrivée nous abusons des voitures, mais par bonheur pour nos bourses, les cochers de la Ville Eternelle sont moins exigeants que les automédons français : ils se contentent de 80 centimes par course, ne réclament jamais de pourboires et sont d'une politesse presque exagérée.

Nous partons un peu cahotés par de mauvais ressorts pour le Janicule dont le Romain se charge de nous expliquer les monuments et les merveilleux horizons. Nous suivons d'abord la *via dei Penitenzieri*, et, après avoir passé par la porte qui sépare le Borgo du Transtévère, nos véhicules prennent, à droite, une côte abrupte qui serpente entre des talus plantés de mûriers séculaires. Une haute terrasse portant d'immenses jardins surplombe la route. A mesure que nous nous élevons, nos regards plongent dans cet enclos. Sur les pentes douces de la colline, ondulent de vertes pelouses entremêlées de bosquets aux frais ombrages et de gracieux châlets cachés sous la vigne vierge et le jasmin. Çà et là, un pin d'Italie profile sa sombre silhouette au-dessus des corbeilles fleuries dont la brise nous apporte les parfums avec les sons d'une musique lointaine. Une bouffée de souvenirs classiques me monte à l'esprit et remet devant mes yeux ces poétiques paysages de la Grèce dont les descriptions ont si souvent charmé mes premières rêveries d'écolier. Est-ce un coin des Champs-Elysées égaré aux bords du Tibre ?... Un groupe de femmes qui sortent en chantant d'un massif de lauriers complète l'illusion. Avec leurs vêtements légers aux couleurs éclatantes, leurs cheveux flottants couronnés de longues guirlandes, elles semblent des nymphes descendues de l'Olympe pour venir s'ébattre dans la vallée enchantée du Cydnus. Elles se prennent par la main et s'envolent, dans une fantastique farandole, à travers les sentiers bordés de myrte... Un nom que notre cocher nous jette distraitement de son siège fait évanouir mon rêve. Hélas ! nous longeons tout simplement le parc de l'asile des fous, et mes nymphes ne sont que de pauvres créatures séparées du monde par la plus effroyable des misères humaines.

Je les suivis longtemps du regard sans pouvoir me décider à les plaindre..... Je songais qu'après les orages et les douleurs qui peut-être les avaient jetées là, il devait leur être doux de mener dans la paix de ces beaux lieux cette existence inconsciente, en attendant l'heure où toute infirmité sera réparée, toute larme séchée sous les premiers rayons du soleil éternel.

Nos voitures s'arrêtent : nous descendons sur une vaste terrasse fermée d'un côté par une église et par des cloîtres, ouverte, de l'autre, sur un horizon dont la vision lointaine nous fait courir à la balustrade. Mais on nous assure qu'un spectacle bien plus attrayant nous attend plus haut, et, traversant à la hâte le cloître sous lequel le pinceau du Dominiquin a raconté la vie de saint Jérôme, nous pénétrons dans le monastère de *San Onofrio* qui doit à une situation incomparable et au séjour que le Tasse y fit à la fin de sa vie, une célébrité justifiée.

L'Église renferme le tombeau que Pie IX fit élever pour contenir les restes longtemps oubliés du poète. Ce monument fastueux, chef-d'œuvre de la décadence la plus achevée, ne mérite que les sévérités de la critique. Aussi sans avoir feint de l'admirer, je me dirige vers le sarcophage du cardinal Mezzofanti.

Ce nom jusque là inconnu pour moi rappelle un des hommes les plus étonnants du siècle. Doué pour l'étude des langues d'une facilité sans exemple, il s'exprimait couramment en plus de cinquante et les écrivait avec une sûreté et une correction qui tenaient du prodige. Le miracle de la Pentecôte semblait se renouveler continuellement en lui : il n'arrivait à Rome aucun voyageur, fût-ce des contrées les plus barbares et les plus lointaines qui ne pût se faire entendre de lui.

On porta, un jour, à l'hôpital de *San Spirito* un homme de race noire, ramassé mourant au fond du Borgo. Interrogé dans toutes sortes d'idiomes, il ne répondit que par des sons gutturaux qui n'avaient de rapport avec aucun, et il allait mourir, sans que l'on sût quels étaient son pays et sa religion, lorsqu'on eut l'idée de recourir à Mezzofanti. Celui-ci vint, écouta le moribond, reconnut son parler, mais ne le comprit pas. Mis une fois en défaut, le savant cardinal courut à la Propagande, où, après mille recherches, il réussit à découvrir quelques notes laissées par un missionnaire sur ce dialecte. La nuit lui suffit pour l'apprendre, et le lendemain, il instruisit et baptisa l'abandonné qui expira en le bénissant.

Partout ailleurs un tel génie eût conquis les hommages de la prostérité ; il est presque oublié à Rome où une semblable érudition ne surprend personne. On y est habitué à voir grandir, dans l'ombre des Universités et des Congrégations Ecclésiastiques, ces hommes éminents qui poursuivent, toute leur vie, des études dont la nomenclature seule effraierait plus d'un de nos Académiciens. Il est trop facilement admis en France que les Italiens en général ne savent rien, et que l'Église Romaine, en particulier, n'est qu'une vieille école où la routine réglemente les études classiques d'après une méthode antédiluvienne, sans permettre au pauvre progrès moderne la plus petite innovation. Mais les étrangers qui restent quelque temps à Rome perdent bientôt ce préjugé et éprouvent un étonnement qui grandit vite jusqu'à l'admiration, au contact de ces esprits universels qui ont tout lu et tout approfondi.

Au sortir de l'église, on nous conduit par des sentiers entrecroisés dans les terrains défoncés qui furent autrefois les jardins du monastère, et nous arrivons sous un chêne dont la vétusté me paraît extrême. Un feuillage rare et sombre anime à peine les branches qui pendent, demi-brisées, d'un tronc noueux et vermoulu; des moellons cimentés ferment les blessures profondes de l'invalide; des tiges de fer le soutiennent comme des béquilles : c'était à l'abri de cet arbre antique que le Tasse rêvait de la vanité de la gloire humaine et cherchait la suprême inspiration poétique, charme de ses derniers jours.

Nous parvenons au sommet du Janicule. A chaque pas, entre les éclaircies des massifs de chênes-verts, à travers les branches épineuses des figuiers de Barbarie, sous le gigantesque parasol des pins, se déroulent devant nous de féériques tableaux.

Rome entière est sous nos yeux. Le cœur

palpitant d'émotion, nous contemplons cet incomparable coin de terre qui est depuis vingt siècles le plus grand théâtre de l'histoire. A nos pieds, les vieux quartiers du

Transtévère que le Tibre sillonne comme un long ruban d'or. A gauche, la cité Vaticane et Saint-Pierre adossés au *Monte-Mario* où la croix victorieuse apparut à Constantin. Plus loin les massifs ombreux de la villa Médicis et du Pincio se détachant sur les cîmes lointaines du Soracte. En face de nous, le Quirinal et les maussades bâtisses de la ville nouvelle. Sur la droite, les clochers de Sainte-Marie Majeure et de Latran, les ruines serrées et confuses de la Rome antique que nous ne connaissons pas encore, le Palatin qui porte les débris des palais impériaux, et l'Aventin avec ses vieux monastères peuplés de saintes légendes.

Tout autour, la plaine, la plaine vaste et ondulée comme la mer, semée d'aqueducs aux arcades élégantes, de ruines ambrées par le temps, dont les teintes se confondent avec le sol desséché sous lequel s'enterrent les catacombes. Puis, à l'horizon, cadre merveilleux de ce merveilleux tableau, les Monts du Latium découpant sur l'azur du ciel, leur silhouettes irisées, et, suspendus à leur flancs, les *Castelli Romani*, poétiques bourgades auxquelles le soleil embrasé donne l'aspect de villes de feu.

Combien d'heures nous serions-nous absorbés là, si le Romain ne nous eut entraînés, de vive force, à l'extrémité opposée du jardin clos, de ce côté, par les murs d'Urbain VIII. Il nous montre de loin la porte *Cavaleggieri* où le Connétable de Bourbon donna l'assaut dans lequel il périt, sort ordinaire de ceux qui osent porter une main sacrilège sur le royaume terrestre du Christ, le parc et la villa Pamphili qui nous rappellent de plus glorieux souvenirs. C'est là qu'étaient campées, en 1849, les troupes envoyées par la France pour reprendre Rome à la révolution et la rendre au pontife-roi. J'ai entendu raconter à ce propos cette curieuse anecdote :

L'expédition de Rome avait été décidée par le vote de l'Assemblée. Le général Oudinot, sur le point de partir, vint demander au Prince-président ses ordres au sujet de la campagne.

« Mon cher général, lui répondit Napoléon, « je n'en ai pas à vous donner. Quand vous « serez sur les lieux, votre génie vous servira « mieux que ne le pourraient faire mes ins-

« tructions. Allez, voyez et triomphez. »

Oudinot ne put en savoir davantage mais, la nuit suivante, c'est lui-même qui l'a mille fois narré, il lui sembla, pendant son sommeil, être transporté sous les murs de Rome. Une main invisible le guidait, lui montrait les points où il établirait ses campements, et par où il aborderait la ville, tandis qu'une voix mystérieuse lui énumérait les mesures à prendre. A son réveil son plan de campagne était fait.

Arrivé à Rome, il reconnut la parfaite exactitude de ce qu'il avait vu en rêve, occupa sans hésitation le parc de la villa Pamphili et commanda l'assaut. Quelques jours après notre drapeau flottait sur le château St-Ange et l'envoyé de la France allait à Gaëte remettre à Pie IX les clefs de la Ville Eternelle.

En quittant le jardin du Janicule, nous débouchons devant la fontaine Pauline, fontaine géante d'où s'échappent trois vrais torrents d'une eau fraîche et limpide qui alimente la rive droite du Tibre; d'ailleurs, toute la ville est très bien arrosée et les habitants sont inexcusables de leur malpropreté puisque chacun d'eux peut disposer de 3000 litres d'eau, par jour.

A quelques pas de la fontaine, nous visitons l'église de Saint-Pierre-in-Montorio où, d'après une tradition, aurait été crucifié Saint Pierre (1).

Un vieux moine nous y montre le trou même dans lequel la croix, nous dit-il, fut plantée. Il en retire quelques pincées du sable blond dont est formée la colline (d'où vient le nom de *Montorio* : *monte d'oro*) et nous les distribue dans de petits cornets de papier.

Quelques tours de roues, et nous arrivons au Transtévère.

Colline de Janus, Montagne d'or, adieu!

---

(1) Cette tradition est apocryphe, car il est prouvé que St Pierre fut crucifié au Vatican.

X

LE TRANSTÉVÈRE

ASPECT DES RUES. — LES BAMBINI.
MARCHANDS D'ALLUMETTES ET BOUQUETIÈRES.
Sta CECILIA. — LA CHAMBRE DE S^{t}·FRANÇOIS.

E *Transtévère* : voilà peut-être le quartier le plus original de Rome. Nous y descendons par les jardins en terrasses de St-Pierre-in-Montorio. Quittant le soleil et la lumière des sommets du Janicule, nous allons nous perdre dans un vrai dédale de rues étroites et sombres, bordées de boutiques enfumées d'où s'échappent d'âcres odeurs d'huile cuite et de choux bouillis. Devant les églises, la rue s'élargit et prend le nom de *piazza*. Mais quelle place! deux voitures s'y croisent et c'est tout; puis les maisons se resserrent, la rue plus étroite que jamais, succède à la piazza. Je crois qu'en plus d'un endroit, les habitants de deux maisons vis-à-vis peuvent aisément se serrer la main par la fenêtre.

Au coin des carrefours, de petites lampes brûlent devant des sculptures ou des fresques représentant ordinairement la Madone. Dans toutes les boutiques, même au cabaret, *spaccio di Vino*, on entrevoit à la place d'honneur une image sainte entourée de fleurs et de papiers découpés au milieu desquels se consume lentement une veilleuse tremblotante; car les Transtévérins, bien plus que les Romains de la rive gauche du Tibre, ont gardé avec un soin jaloux les coutumes d'autrefois.

Telle est aussi celle de faire sécher leur lessive aux fenêtres et de suspendre des guirlandes de chemises blanches (?) à quelques mètres au-dessus des passants, ce qui nous vaut d'être inondés de gouttelettes légères qui ricochent sur nos chapeaux et s'aplatissent sur les pavés.

Dans les rues, beaucoup de monde : des

bambini d'abord, des *bambini* partout, *la speranza dell' Italia.*

Vous savez déjà ce que sont les *bambini*, d'affreux gamins à la mine éveillée, à la culotte trouée, sortant on ne sait d'où et qui grandissent à la grâce de Dieu, mais joufflus, roses, vigoureux. Ils barbottent dans le ruisseau, se faisant la guerre, sifflant *la Marseillaise* et *En revenant de la Revue* car la Ville Éternelle singe aujourd'hui la Ville Lumière et s'applique à la supplanter. Parisiens en garde! Elle en a déjà l'air et la chanson.

Ha! Ha! ragazzi! crient les cochers; en France on dirait *hop!* et l'on passerait. *Ha!*

ragazzi! ne dérange personne, et c'est notre cheval qui doit s'arrêter jusqu'à ce que les gamins veuillent bien aller se rouler ailleurs.

Cependant tous ne coulent pas ainsi leur vie: il y a des intelligences d'élite, l'aristocratie des *bambini*, qui se lancent à l'assaut de la fortune. Ces gamins-là abordent généralement le commerce : ils naissent voleurs, ils naissent marchands. Les petites filles vendent des bouquets de violettes et de fleurs de la saison. Les jeunes garçons brocantent des allumettes, *cerini,* moyen comme un autre de contribuer à la diffusion des lumières. C'est autour de nous des piailleries assourdissantes : *Cerini, cerini, due scatole un soldo!* deux boîtes pour un sou! Et des allumettes-bougies qui s'enflamment aussi rapidement que les têtes italiennes, ce qui n'est pas peu dire. Les allumettes françaises que nous payons si cher ne valent rien, notre sympathique gouvernement en ayant monopolisé la vente. L'Italie l'a laissée libre chez elle; cela fait vivre des milliers de pauvres diables. Il faut l'avouer, nous sommes battus quant aux allumettes.

En marchandant, on en a cinq boîtes pour deux sous. Vraiment ce n'est pas cher! mais on en consume en conséquence avec les cigares *siciliani*, ou autres de même acabit, qui ne s'enflamment qu'à la longue pour s'éteindre aussitôt.

N'achetez pas cependant sans vous assurer que les boîtes sont bien pleines car les sujets d'*Umberto* aiment assez à faire d'une boîte deux boîtes ou davantage. Ces petits coquins nous poursuivent cent mètres durant pour écouler leur marchandise, sans souci de troubler nos contemplations rêveuses, par leurs offres réitérées. Heureusement le Romain nous donne la clef qui leur ferme la bouche : *Cerino te stesso*! allumette toi-même! leur disons-nous dès qu'ils nous abordent. Cette apostrophe d'un goût douteux produit un effet immédiat. Terrifiés par ces mots magiques les marchands d'allumettes se retirent en tremblant.

Plus importunes encore mais gentilles à croquer les bouquetières coiffées de la classique *pezza* blanche et costumées en *ciocciare*. Ces fillettes font le guet près des monuments, à la porte des églises, courent au-devant de nous, nous tendent de deux mains suppliantes un délicieux petit bouquet : *Mazzetto, signor, prendi!* Le *Signor* ne prend pas et ce sont de petites moues comiques, des poses théâtrales de Diane en courroux. Nous les croyons rebutées... rebutées, ah bien oui! la moue n'est qu'une ruse, pour se rendre intéressantes. Les fillettes se ravisent et, sans vergogne, se haussant sur la pointe des pieds, nous passent le bouquet à la boutonnière. Qui donc serait assez triste chevalier pour refuser encore? Nous sommes vaincus; au reste la défaite nous vaut « plus de sourires qu'elle nous a couté de centimes».

Mais revenons au Transtévère.

Concierges et locataires sont sur les portes et débordent dans la rue : ils prennent le frais en famille. Les hommes sont généralement petits, maigres, robustes; les femmes gardent quelque chose du vieux type romain, montrent de bonne heure un majestueux embompoint et des airs de statues antiques. A les voir, toutes ont dû êtres jolies, aucune ne l'est plus. Elles tournent la tête pour nous voir passer : *che sara*, s'écrient-elles? *pellegrini!* Et là-dessus, des chuchotements, des sourires provoqués sans doute par quelque maligne réflexion. Ah! que n'avons-nous le don de changer ces sœurs de Loth en statues de sel! Nous éprouverions un réel plaisir à leur conserver à jamais leur attitude molle et nonchalante, à les délivrer pour toujours de la peine et du travail, jusqu'à ce que, à force de sécher au soleil et de fondre à la pluie, elles fussent allées, par le Tibre, rendre son sel à l'Océan.

Des mères avec leurs poupons, on n'en aperçoit pas, il y en a pourtant, les *bambini* du ruisseau en témoignent. Mais où sont les petits frères? Oh! les matrones romaines ont une ingénieuse manière de s'en débarrasser! devinez?... En certains pays on porte les marmots sur le dos, en Bretagne, c'est un progrès déjà, on les accroche à un clou, en Chine, moyen plus expéditif, on les jette à l'eau, à Rome tout est simplifié... on en charge le mari. C'est lui qui tient bébé et lui fait risette pendant que madame regarde les passants ou bavarde chez les voisins.

A chaque tour de roues nous nous arrêtons pour visiter des églises qui se ressemblent tellement qu'il me serait très difficile de préciser le souvenir que j'emporte de chacune d'elles. Une seule, *Santa Cecilia*, me frappe profondément par son originalité. On y arrive en traversant une cour entourée de vieux murs, jadis peints en rose, aujourd'hui décrépits, bizarrement percés de fenêtres grillées et de portes basses munies de gros marteaux de fer. Le long des toits en tuiles rouges, des plantes grimpantes retombent et bouillonnent en cascades. Des ouvriers qui sont censés travailler à des excavations, allongés sur les pavés, dorment d'un lourd sommeil auprès de trous béants et de tas de terre remuée. Le soleil darde ses rayons sur leurs têtes nues, des essaims de mouches affamées s'y reposent; rien ne les dérange, pas même les sons discordants qu'un pauvre *zampognaro*, dans un coin de la cour, tire de sa cornemuse en faisant danser des *pupazzi*. D'autres assis sur des bancs de pierre dînent d'une salade crue. Ne vous en étonnez pas : à Rome le peuple vit de l'air du temps et du soleil du Bon Dieu, le reste, quelquefois même la salade, lui est du superflu. Cette frugalité imposée par le climat excuse jusqu'à un certain point la paresse de cette plèbe. Les jours de fête, par exception, elle s'accorde un peu de luxe : la femme se charge les épaules d'un lourd collier d'or doublé, le mari fait une mince toilette, l'on frête une voiture et l'on va manger un *fritto* dans une *osteria* des Châteaux-Romains. L'on dévore et l'on boit alors pour des mois, voire pour toute l'année.

Au fond de la cour de Sainte-Cécile, s'élève un campanile étagé de colonnettes bysantines qui surmonte un portique sur lequel court une frise de mosaïques. Ce portique sert d'entrée à l'Église établie au IVe siècle dans le palais de la *Gens Valeria* qu'avait habité sainte

Cécile, après son mariage avec un descendant de cette illustre race. Une chapelle carrée s'ouvrant sur la nef de droite consacre la salle de bains du palais où la vierge condamnée à mort fut enfermée pour y être étouffée. Les conduits de l'air chaud et de la vapeur apparaissent encore dans les murs recouverts de fresques antiques. L'autel est formé d'une énorme dalle sur laquelle Cécile épargnée par la chaleur fut trouvée mourante après la fuite du licteur envoyé pour lui trancher la tête. Sous l'autel de la confession, se voit la célèbre statue, chef-d'œuvre de Maderne qui représente le corps de la sainte dans l'étrange et touchante posture où il fût découvert lors de l'ouverture de son tombeau au XVIe siècle.

De Sainte-Cécile nous allons à *San-Francesco-à-Ripa* pour y vénérer la chambre qu'habita l'époux de la Pauvreté. Un frère franciscain nous conduit par un étroit escalier dans une petite pièce enfumée ornée de lampes, de guirlandes de fleurs et de panneaux en bois de cèdre. Obéissant à un ressort caché, ces panneaux glissent soudain sur les murailles et dévoilent à nos yeux étonnés de magnifiques châsses où sont étiquetées et numérotées des reliques d'un nombre incalculable de saints. Un gros caillou occupe une place d'honneur, c'était jadis l'oreiller de saint François.

Dans une sacristie contiguë entourée de stalles en noyer sculpté, des moines aux cheveux blancs psalmodient lentement devant un grand pupître. C'est une belle scène dont on ferait un sévère tableau. Ils s'interrompent tout surpris de voir leur paisible sanctuaire envahi par la bande bruyante qui vient en habit noir saluer les reliques des saints. L'espiègle Rafinaud achève de les intriguer en faisant jouer le ressort de son claque qui s'ouvre avec un fracas absolument insolite en ces lieux. Mais au même instant éclatent dans le couvent des sons cuivrés de clairons; c'est notre tour d'être intrigués... Sommes-nous dans

une caserne? Mon Dieu oui! Le gouvernement Piémontais ne sachant où loger ses troupes, n'a rien trouvé de mieux que de les installer dans les monastères; et les fils de Saint-François ont dû partager leurs cellules avec un bataillon de *Bersaglieri*. Malgré l'odieux de ce voisinage forcé, moines et soldats font bon ménage. Les uns supportent l'épreuve avec une souriante résignation, les autres, guidés par l'instinct encore si délicat et si chrétien de ce peuple, se montrent généralement respectueux, et, la charité monastique aidant, des relations presqu'amicales s'établissent souvent entre les propriétaires spoliés et les hôtes qu'on leur a imposés. Il n'est pas rare, à l'heure des offices, de voir un panache emplumé se glisser dans la sacristie et d'entendre une voix martiale se mêler aux voix chevrotantes des vieux choristes. En revanche, les *pioupious* peuvent puiser sans relâche dans l'inépuisable tabatière qui fait partie intégrante de tout *Frate* italien.

Tout cela est certes plus naturel qu'on ne le pense : en dépit des tendances modernes, une affinité indestructible existe entre cette race et l'Église; et s'il est vrai qu'en grattant le Russe on trouve le Cosaque, en grattant le Romain, même soldat, on trouve l'enfant de chœur.

XI

DU TRANSTÉVÈRE AU FORUM

CE QUI RESTE DU GHETTO.
UNE ILLUSTRE CARCASSE.
LE MARCHÉ DE 'CERCHI.
UN COUP D'ŒIL AU PALATIN. — LA VOIX SACRÉE.
NOUVEAUX « CURSORES » EN HERBE.
LA PRISON MAMERTINE.

N quittant le Transtévère, nous repassons le Tibre sur un pont tout flambant neuf et dont le mortier sèche encore, (à Rome il n'y a plus que des ponts neufs). Celui-ci remplace sans avantage le vieux pont Fabricius où, jadis, Horatius Coclès arrêta les Etrusques. Il est jeté sur le fleuve entre le mont Aventin et l'île Tibérine qui, selon la tradition, a été formée des gerbes moissonnées dans les champs de Tarquin le Superbe et précipitées dans le Tibre par le peuple révolté après l'expulsion du Tyran Ce pont relie le Transtévère au *Ghetto*, le quartier des Juifs aux terrifiantes légendes. Nous avançons, nous cherchons, nous ne voyons que des terrains vagues coupés de flaques d'eau et de moellons.

— Mais où donc est le Ghetto ?

— *Non c'é piû*, répond notre cocher, *l'hanno buttato giù* (ils l'ont renversé).

— Allons dès lors à la vieille Poissonnerie et au portique d'Octavie, soupire le Romain.

Hélas ! la Poissonnerie a aussi disparu comme tant d'autres vestiges intéressants de ce vieux quartier. Le portique seul a été épargné. Debout au milieu des ruines de tout ce qui l'entourait, il défie encore les injures du temps et le vandalisme des hommes. Notre guide est furieux et murmure *sotto-voce* avec une légère variante, ce dicton très populaire à Rome : « *quod non fecerunt barbari, fecerunt... Piemontesi* ».

— Eh bien ! en route pour *Santa-Maria-*

in-Cosmedin, si toutefois elle subsiste encore ; je vous y montrerai la Bouche de la Vérité et la Carcasse du dragon de Saint Georges !

La carcasse ?.... Je suis un peu sceptique ; pourquoi en fait d'antiquités ne nous montrerait-on pas aussi bien la pomme du Paradis Terrestre. Et la bouche de la Vérité, qu'est-ce donc ? Une sorte de meule de pierre, paraît-il, percée de quatre trous simulant deux yeux, un nez et une bouche, bouche sincère, depuis deux mille ans... sans doute parcequ'elle n'a jamais parlé.

Je suis tout yeux pour contempler le dragon, tout oreilles pour écouter la bouche, tout disposé comme saint Thomas à croire après avoir vu et entendu. C'est inutile, nous ne voyons ni n'entendons rien : l'église est fermée, la bouche et la carcasse y sont en réparation !

Nous traversons une vaste place sur laquelle se tient chaque matin le grand marché des fruits et des légumes. Malgré l'heure avancée, cet entrepôt des maraîchers romains offre

encore un pittoresque coup d'œil. D'immenses parasols en toile verte ou rouge, fixés au sol par un énorme bâton, abritent quelques planches où des petits tas symétriquement rangés de figues, de noix fraîches et de tomates empourprées symbolisent, en toute modestie, le commerce de détail. Des Transtévérines au regard étincelant, à la parole vive, se tiennent auprès, beaucoup plus occupées à caqueter et à lancer des œillades qu'à surveiller leurs étalages auxquels des groupes de *ragazzi* font de loin les yeux doux, attendant avec patience le bon moment pour introduire gratuitement dans leurs poches une partie de la marchandise. Des monceaux de légumes, des montagnes d'artichauts et de carottes couvrent le pavé; le *broccoli* qui semble de loin un énorme bouquet de violettes se mêle au chou fleur blanc comme l'albatre; les pastèques roses et transparentes, les melons dorés s'accumulent par milliers et viennent rouler au travers des rangées de *bigonzi* (1) remplis jusqu'aux bords de pêches veloutées et de raisins couleur d'ambre. Quelle abondance! Etant donné que le règne végétal suffit, et au delà, aux appétits de ce peuple sobre

---

(1) On appelle *Bigonzi* des petits tonneaux servant au transport des fruits.

entre tous, les Romains ne courent aucun risque de mourir de faim. Pour quelques sous, nous faisons d'amples provisions des savoureux produits du sol latin, et, tout en croquant la pêche de Tibur et les grappes de Tusculum, nous continuons notre route dans la direction du Forum.

La ruelle déserte que nous prenons et que pressent deux rangées de masures ne nous paraît guère digne d'attention. Cependant nous sommes au *Vélabre*, ce quartier célèbre de l'ancienne Rome tant de fois cité dans son histoire. Au milieu d'une place étroite nous apercevons un monument à quatre faces égales, parfaitement conservé : c'est l'arc de Janus Quadrifons sous lequel les changeurs et les usuriers de l'ancienne Rome avaient installé leurs trafics. A côté, un petit arc triomphal en marbre finement ciselé est adossé d'une façon étrange à la basilique Sempronia devenue l'Église de Saint-Georges au Vélabre, où l'on conserve avec la lance qui tua le fameux Dragon, le manteau et les ossements du patron des chevaliers chrétiens. Nous remarquons en face de la Basilique un

Le Forum Romain.

tunnel obscur s'enfonçant sous les maisons dans la direction du Tibre. Une odeur fétide s'en dégage : c'est l'artère principale de la *Cloaca Massima*, le doyen des égoûts du monde entier, si solidement et si savamment construit, que, depuis le règne de Tarquin son fondateur, à peine a-t-il eu besoin de restaurations.

Notre ruelle débouche à quelque pas de là sur une large voie qui contourne au nord la base du Palatin. Nous saluons avec émotion l'auguste colline qui fut pendant mille ans le trône de l'Univers, le théâtre d'une si haute puissance et de si profondes ignominies. De la base du mont au sommet, les débris des palais impériaux s'enchevêtrent, s'entassent les uns sur les autres, entremêlés de bouquets d'arbustes et de touffes de fleurs. Le chêne-liége plonge ses racines entre le dallage encore intact des galeries souterraines du palais de Caracalla, le fenouil sauvage enguirlande de panaches aériens les voûtes béantes des salles qui ont abrité les Césars. Devant nous, d'autres ruines semblent sortir de terre, la voie où nous marchons s'arrête brusquement au-dessus d'une étroite vallée encombrée de blocs de pierre, d'enceintes, de colonnes. Voici le Forum Romain.

D'un pas fiévreux nous courons d'un monument à l'autre, suivant ces rues aux trottoirs usés par des passants qui depuis huit siècle (1) ont fini de passer. On est étonné de leur succéder à tant de distance sur ce pavé cyclopéen, parmi ces basiliques en ruines, ces palais écroulés que les souvenirs classiques arrivant en foule à l'esprit peuplent de fantastiques visions. Chaque pierre a son histoire, et toutes ont un grand nom : ces trois colonnes si sveltes, si hardiment dressées, décoraient le péristyle du temple érigé à Castor et à Pollux sur le lieu où les divins Jumeaux apparurent au moment de la bataille du lac Régille pour annoncer aux Romains la victoire. Cette enceinte circulaire dont les fondations se dessinent à fleur de sol était le temple de Vesta. La base de pierre qui en occupe le centre portait l'autel où brulait la flamme immortelle, emblême des des-

---

(1) Le Forum romain n'a été réellement détruit que par Robert Guiscard.

8.

tinées du peuple roi. Plus loin l'arc de Titus se dresse comme un témoin de la réprobation de Jérusalem et de l'élection de la Rome nou-

velle et le Colisée apparaît, encadrant sa masse gigantesque entre le Viminal et le Cœlius. A gauche, la voie Sacrée descend la vallée du Forum, et nous descendons avec elle, longeant la basilique de Constantin, les temples de Romulus, d'Antonin et de Faustine jusqu'à la basilique Julia, vaste quadrilatère entouré de degrés de marbre. Plusieurs rangées de bases, veuves de leurs colonnes, y marquent la salle du Prétoire. Des gamins y terminent une joyeuse partie sur un jeu de marelle tracé il y a dix-huit siècles peut-être, dans le pavé en mosaïque à la pointe du clou par leurs aïeux en *far niente* avant la lettre. Une idée folle traverse le cerveau de Clément; il appelle les *bambini* et leur propose une course. La colonne de l'empereur Phocas qui se dresse à cinquante mètres de là sera le but. Aussitôt ils s'élancent, se bousculent, ce sont des cris, des poussées, des dégringolades à n'en plus finir. Hissés sur la tribune aux harangues d'où Cicéron foudroyait Catilina, nous jugeons le concours et applaudissons au plus agile qui vient, avec des poses de triomphateur antique, recevoir le prix de la victoire représenté par un *baiocco* (1). Pour consoler les vaincus, nous leur jetons une pluie de centimes; les petites mains nerveuses les saisissent au vol et des acclamations frénétiques nous remercient d'une aussi rare générosité.

Escortés par nos admirateurs que la gra-

---

(1) Sou romain.

titude et l'espérance de nouvelles largesses attachent à nos pas, nous montons, près de l'arc de Septime-Sévère, sur la chaussée qui sépare le Forum de la région Capitoline, et relie le Vélabre à la Suburra. De cette légère élévation on embrasse d'un seul regard l'ensemble des ruines.

Devant cet étroit espace où s'est joué le sort du monde, je reconstruis par la pensée les palais de marbre, les basiliques, les portiques étincelants de dorures, au travers desquels serpentent les voies étroites encombrées d'une foule agitée de citoyens en toge, d'affranchis, d'esclaves, de marchands affairés, de Prétoriens aux brillantes armures. Sur les dalles qui couvrent encore le sol, il me semble voir se dérouler le cortège triomphal des conquérants qui ont donné à Rome l'empire de la terre... Plus tard, triomphateurs aussi, conquérants inconnus de Rome elle-même, les martyrs entraînés vers l'amphithéâtre, à leur tour, ont passé là.

Depuis, les siècles ont succédé aux siècles, les civilisations aux civilisations, les monuments élevés par les hommes dans le temps, se sont évanouis avec lui, et de cette ville puissante, berceau de la société moderne il reste à peine pierre sur pierre. Seuls les temples des ses dieux transformés en églises chrétiennes, sont debout au milieu de cette destruction, pour chanter, sur les ruines du paganisme, la victoire de notre foi.

Notre rapide excursion au Forum avait encore une étape. Un lieu lugubre mais à jamais sanctifié, attirait les pas des pèlerins. Nous arrachant aux visions des splendeurs d'autrefois, nous allons chercher au pied de la colline où fut le temple de Jupiter Stator, un obscur cachot, qui enfonce ses trois étages dans les entrailles de la terre. C'est là prison Mamertine et le Tullianum. On aborde avec un religieux effroi ce lieu témoin de tant d'illustres agonies. Là, furent enfermés et, pour la plupart, mis à mort les chefs des nations vaincues et les grands criminels d'état. Appius-Claudius s'y suicida après le parricide héroïque de Virginius; Persée en fût retiré pour orner le triomphe de Paul-Emile; Jugurtha y mourut d'inanition; Cicéron y fit étrangler sous ses yeux les complices de Catilina; Vercingétorix, le héros des Gaules, y attendit six ans le triomphe de César.

En l'an 64 de notre ère, le Tullianum s'ouvrit pour un autre prisonnier : c'était le Pêcheur de Galilée, la Pierre sur laquelle venait d'être fondée l'Eglise qui ne périra jamais. Après un séjour de quelques mois dans le Tullianum, par une chaude matinée de Juin, Pierre en sortit pour aller à la mort. Un groupe de fidèles en larmes formait le cortège du Prince des Apôtres; Rome hostile et railleuse le regardait passer.

Elle ne savait pas que ce vieillard traîné par ses bourreaux à un supplice infâme était son vainqueur et que sur son empire ébranlé, il fonderait une domination bien autrement glorieuse ; elle ne savait pas que la tombe creusée furtivement aux premières ombres du soir pour cacher son cadavre, deviendrait mieux que le Capitole, le centre du monde, et qu'à l'anniversaire de ce jour, les foules réunies autour de cette tombe, lui jetteraient avec transport, l'hymne de cette immortelle victoire :

O felix Roma, quæ duorum Principum
Es consecrata glorioso sanguine :
Horum cruore purpurata, Cæteras
Excellis orbis una pulchritudines.

O heureuse Rome, consacrée par la mort glorieuse des Princes des Apôtres, leur sang dont tu es teinte te rend la plus belle de toutes les cités de l'Univers.
(Hymne de la fête de St. Pierre.)

XII

ENCORE LA ROME ANTIQUE

LE CAPITOLE. — LES « CASCADES ».
L'ARA-CŒLI ET LA ROCHE TARPÉIENNE.
UN MARCHAND D'ANTIQUITÉS.
REGRETS DU ROMAIN.

N sortant de la prison Mamertine, nous ne sommes pas traînés aux gémonies mais nous montons au Capitole. L'ascension est courte et facile car la célèbre colline ne s'élève guère qu'à vingt-cinq mètres au dessus du Forum. En quelques pas, nous arrivons à l'esplanade où Michel-Ange a bâti le Capitole moderne sur les voûtes du Tabularium de Domitien construit lui-même sur les fondations encore visibles de celui de Sylla. L'édifice est surmonté d'un campanile assez élégant qui sert de piédestal à la statue allégorique de Rome tenant d'une main le drapeau piémontais et de l'autre... la boule du monde!

De tous côtés, ressort, sculpté sur les murs, l'écusson de la ville avec les fameuses initiales S. P. Q. R. : *Senatus Populusque Romanus*. Au temps des Papes, le malin *Pasquino* et ses disciples traduisaient S. P. Q. R. : *Sancte Pater Quia Rides* et le Pontife était censé répondre en renversant l'ordre des lettres : *Rideo Quia Papa Sum*.

Triste épilogue à ses grandeurs : le Capitole actuel n'est qu'un vulgaire Hôtel-de-ville. L'édilité qui a remplacé le Sénat ne décide plus des destinées du monde, elle ne couronne plus les poètes : elle discute, entre deux catastrophes budgétaires, la mutilation systématique de Rome.

Sur les côtés latéraux de la cour du Capitole se dressent deux palais de grande architecture dont l'un abrite l'état-civil et l'autre les musées Capitolins. Sous leurs portiques, en outre, campe la tribu errante des marchands de photographies, type réussi, entre tous, des industriels de la rue. Ces marchands-là opérent sur les places et surtout aux abords des ruines. Physionomistes habiles, linguistes distingués, ils finissent toujours par triompher des plus opiniâtres résistances. Nous les avions surnommés « les cascades ». Le fait est qu'ils versent des flots inépuisables de paroles accompagnées du déploiement sonore de leurs albums dont les longues banderolles, s'entremêlant avec un bruissement de papier froissé, flottent autour d'eux et les entourent d'une guirlande de monuments. C'est le « Ricordo di Roma » le « *souvénire dé Rôme* » nous disent-ils : tout Rome pour cinq francs. Rafinaud qui fait bon marché de la capitale de l'Italie, n'en veut donner que deux francs cinquante. Il l'obtient à ce prix, non sans débat, et s'estime heureux de sa fortune.

La « cascade » qui a eu la chance de vendre est apparemment plus content encore du marché; car il s'éclipse au même instant, tandis que les concurrents déçus se relancent à notre poursuite en nous offrant pour quinze sous de semblables « *souvénire dé Rôme* »

Evariste, furieux, jure mais un peu tard qu'on ne l'y prendra plus, et va cacher son dépit à l'ombre de la statue de Marc-Aurèle dont il emprunte l'air dédaigneux.

Le plus vertueux des Empereurs Romains chevauche en effet au milieu de la cour du Capitole, entouré des statues gigantesques de Castor et de Pollux et des trophées de Marius. C'est la seule statue équestre que nous ait léguée l'antiquité. Elle était autrefois recouverte d'une brillante dorure dont la disparition complète doit, si l'on en croit une légende, être l'un des signes précurseurs de la fin du monde.

Du côté opposé au Forum, un large escalier relie l'esplanade à la ville. Il est dominé à droite par la façade en briques rouges de l'Eglise de l'Ara-Cœli, ancien temple de Jupiter Stator, où nous allons vénérer le « San Bambino », petit Jésus sculpté au moyen-âge dans une bûche de cèdre par un moine de Palestine. Pendant les fêtes de Noël, le San Bambino est placé dans une crèche splendide devant laquelle le personnel des salles d'asile vient réciter de petits sermons et des poésies de circonstance mise en pratique à la fois comique et touchante de cette parole de l'Ecriture : « Vous avez tiré votre louange des enfants et de la bouche de ceux qui sont encore à la mamelle. »

Sur le perron de l'Ara-Cœli, nous nous souvenons que la roche Tarpéienne n'est pas loin du Capitole, et, avançant sur la gauche du grand escalier, nous ne tardons pas à la découvrir dans les jardins de l'ambassade d'Allemagne. (L'Allemagne victorieuse établie sur la roche Tarpéienne, quel augure !) J'avoue cependant que le saut ne m'a pas paru aussi terrible que le font supposer les anciens historiens de Rome. Manlius a dû tout au plus se rompre une côte et nos ancêtres, les Gaulois, auraient pris aisément la forteresse sacrée si les oies n'avaient chanté. Il faut cependant constater que, depuis ce temps-là, le sol s'est considérablement exhaussé au pied de la roche, tandis que le faîte s'est peu à peu dégradé, la réduisant aux proportions amoindries que nous lui voyons aujourd'hui. Tenterons-nous le saut fameux pour regagner la rue? Réflexion faite,

cette manière de rentrer en ville est jugée peu pratique et nous optons pour l'escalier. Dans un petit square qui en côtoie les rampes, on entretient avec un soin jaloux les descendants de la louve nourricière et de l'aigle invaincu : il n'y manque que les oies.. Le jour anniversaire de la fondation de Rome, (car Rome célèbre solennellement l'anniversaire de sa fondation !) on fait grande chère à la ménagerie : l'aigle déchiquette un levrault et la louve dévore un agneau, tandis qu'à l'étage supérieur, la « Giunta Municipale » se bourre de harangues officielles, arrosées de vin de Champagne.

En nous éloignant de la Rome antique, nous emportions un regret. Tous les visiteurs sérieux du Forum doivent y faire des trouvailles : morceaux de marbres, fragments d'inscriptions, médailles, pavés de la voie sacrée, nez de statues, goulots d'amphores encore parfumés de Falerne, tout cela est adroitement dérobé jusque sous les yeux des gardiens en jaquette grise à filets verts, cerbères des ruines. Or, malgré des recherches minutieuses, nous n'avions rencontré que des pavés trop lourds et des statues sur lesquelles il n'y avait plus rien à prendre. Les Anglais venaient évidemment d'accomplir une râfle. Force nous avait été de borner notre pillage à cueillir, sur la tribune aux harangues, non des fleurs de Rhétorique mais des soucis sauvages qui, à défaut d'autre parfum, exhalaient au moins celui de l'éloquence. C'était en somme revenir bredouille; il fallait soutenir notre honneur et sortir d'embarras d'une autre manière. Comme le chasseur malheureux, qui, avant de rentrer au logis, passe chez le marchand de gibier, nous décidons de passer chez l'antiquaire.

Quel objet achèterons-nous? Peu importe; le plus raccommodé, le plus poussiéreux, paraîtra le plus précieux. Achetons seulement, et moyennant quelques sous, nous pourrons nous glorifier de notre visite au Forum.

Les antiquaires fourmillent aux abords du Capitole et de la Roche Tarpéienne. La plèbe du métier s'installe en plein vent, alignant sur un fût de colonne brisée, sur l'entablement d'un portique les menus débris qu'on dédaigne. L'aristocratie se prélasse dans des boutiques aux embrasures desquelles flottent, en guise d'enseignes, des bouts de galons et des chiffons décolorés de vieilles étoffes. Derrière la vitrine, des éclats de marbres, des statuettes mutilées, des sous rongés de vert-de-gris, des fers de hallebardes, des vases étrusques éventrés, des restes informes d'objets sans nom. Tout cela dégage une odeur vague de vieux cuivre et de moisi et semble dater, au moins, du siècle d'Auguste.

Le marchand sur qui nous tombons est un petit bonhomme au visage de corbeau, aux doigts crochus, à l'air plus antique que son étalage. Il nous accueille avec un sourire ironique, se confond en politesses et nous fait des offres alléchantes. Ne vous y fiez pas, c'est un consommé diplomate avec lequel il faudra ruser aussi.

— *Cosa vuogliono signori?*

Je jette mon dévolu sur un mignon collier de bronze qui a sans doute figuré dans la corbeille de mariage d'une des Sabines; mes camarades achètent qui une médaille, qui un anneau de chevalier romain, qui une lampe des catacombes. Mais ne croyez pas que la chose soit aussitôt faite que dite. Nous combattons une heure et simulons plusieurs sorties pour n'être pas trop rançonnés.

Enfin le marché se conclut et nous emportons triomphalement nos dépouilles opimes, quand, en franchissant le seuil, nous sommes envahis de doutes sur leur authenticité. Nous interpellons le bonhomme :

— Au moins est-ce vraiment antique ?

Et lui, nous toisant d'un regard où perce tout son mépris pour d'aussi piètres connaisseurs, nous répond majestueusement :

« Croyez-vous que si c'était antique, je vous le céderais à ce prix-là !... »

Nous étions deux fois volés et, par surcroît, raillés !

Le collier de la Sabine, la médaille et l'anneau venaient tout droit des fonderies du Transtévère et la lampe des catacombes n'avait probablement jamais brûlé qu'au pétrole.

Obligés d'opposer à mauvaise fortune bon cœur nous sortons, en riant, de la boutique pour reprendre le chemin de l'*albergo* Laurati. Déjà le jour baisse ; les cloches de cent églises chantent dans les airs l'*Ave Maria* du soir ; le Capitole disparaît et nous nous trouvons

tout-à-coup dans la Rome modernisée, éclairée à l'électricité, émaillée de cafés-concerts, encombrée de sergents de ville et d'omnibus. Tomber de la voie sacrée au *Corso Vittorio-Emmanuele*, quel contraste et quelle chute !

Le Romain ne pouvait s'en consoler ; l'aspect actuel des choses l'exaspérait au dernier point. « Hélas, disait-il, vous êtes venus
« ici dix ans trop tard ; vous n'aurez pas
« vu la vraie Rome. A chaque pas, mon
« cœur se serre davantage sous l'impression
« d'un regret amer des choses du passé. Nulle
« part je ne revois la ville que j'ai connue,
« remplie de souvenirs de poésie et d'idéal, et
« qui, dans sa vieillesse, sans cesse vivifiée,
« semblait devoir être éternelle. Où sont les
« ruelles tortueuses où l'on aimait à s'égarer,
« les vieilles maisons irrégulières et cadu-
« ques si noires et pourtant si gaies, la bou-
« tique du *pizzicagnolo* dont le quinquet jetait
« sa lueur fumeuse à la fois sur l'image

« de la Madone, sur les grappes d'outres de
« graisses et les piles de gros parmesans! Il
« faut aller les chercher au Transtévère et le
« Transtévère lui-même ne sera bientôt
« plus. »

Rome se réduit donc désormais à une vulgaire ville moderne, aux rues tapageuses, aux vastes caravansérails de plâtre dans les taudis mal essuyés desquels grouille une population misérable et encanaillée. La révolution italienne a trop bien compris quel était le plus sûr moyen de perpétuer la brèche de la *Porta Pia*; à coup de pioche et de marteau elle continue sa conquête, détruisant la capitale des Papes, pour édifier sur ses ruines une nouvelle cité, capitale celle-ci de l'usurpation sacrilège Cette transformation de Rome et la corruption croissante de ses mœurs, seront sans contredit un des obstacles les plus sérieux au rétablissement du pouvoir temporel.

XIII

LA RÉUNION DE SAINTE-MARTHE

ALGRÉ les fatigues de la journée, au dîner tout le monde est de bonne humeur; chacun raconte ses promenades, ses émotions, ses aventures. Les chefs du pèlerinage nous donnent des instructions pour le lendemain et nous indiquent un programme dont l'énoncé fait pâlir les plus vaillants : le matin messe solennelle du Pape à Saint-Pierre, dans l'après-midi, visite en voiture et par groupes à Saint-Paul-hors-les-murs, à Saint-Sébastien, aux catacombes de la voie Appienne, au Colombarium, aux Thermes de Caracalla, au Colisée, au Forum de Nerva, à celui de Tra-

jan, etc, etc. On nous prie ensuite de nous rendre immédiatement à Sainte-Marthe au Vatican, où doit se tenir une assemblée organisée pour grouper dans une fraternelle union le Pélerinage ouvrier et celui de la Jeunesse Française.

« Trois mille personnes composaient cette réunion que présidait S. E. le cardinal Langénieux, ayant à ses côtés S. Gr. Mgr l'archevêque d'Aix, M. de Mun, M. de Roquefeuil. La simplicité fraternelle avait réglé les détails de cette installation. L'estrade était faite de quelques planches, placées à la hâte sur des bancs. Tout autour et jusqu'au fond les assistants debout offraient l'aspect d'une masse compacte (1).

« Son Eminence, saluée d'applaudissements, a exprimé la joie que lui causait une telle réunion de catholiques, différents d'âge

---

(1) *Univers*, 3 Octobre.
Nous empruntons le compte rendu de cette réunion aux lettres si intéressantes de M. Tavernier. L'aimable rédacteur de l'*Univers* a bien voulu nous autoriser à utiliser ses documents, nous tenons à le remercier. Les lecteurs ne feront que gagner à ce changement de plume.

et de condition, assemblés par la même pensée dans la demeure de leur père commun. L'éloquent et vaillant Cardinal résumant les scènes qui s'étaient, l'après-midi, déroulées dans Saint-Pierre, a félicité les ouvriers et les jeunes gens, « glorifiés par Léon XIII ». Il a rendu un hommage superbe à M. de Mun qui, a-t-il dit, est depuis vingt ans, au milieu des assemblées populaires comme à la tribune politique, un héros de la foi et de l'amour du bien. En termes justement flatteurs il a donné la parole à M. Robert de Roquefeuil, le président de l'Association catholique de la Jeunesse française.

« La sympathie dont il se voyait entouré a permis à M. de Roquefeuil de dominer rapidement l'émotion qu'il éprouvait à paraître sur ce théâtre. Il s'est abandonné aux sentiments qui remplissaient son âme et qui vibraient autour de lui. Son talent déjà brillant et mûr, sa distinction, son énergie ont bientôt enthousiasmé l'auditoire...

« M. de Roquefeuil a parlé en homme qui a parfaitement conscience des devoirs qui correspondent aux avantages de la fortune ou de l'instruction. Il a dit que le but de l'Association créée au sein de la jeunesse catholique française est le dévoûment aux ouvriers. La pensée de l'obligation qui existe entre toutes les créatures intelligentes a formé ces liens. Il l'a proclamé avec des accents où éclatait ce qu'il y a de meilleur dans un cœur généreux. Il a montré la patrie que les assistants avaient cru quitter depuis trois ou quatre jours, présente ici, vivante et fière, par l'alliance scellée devant le Pontife suprême. Rappelant les plus nobles souvenirs qui attestent l'union spéciale de la France avec la Ville Eternelle, il s'est écrié : Rome, pour qui a coulé le sang de la France, nous te saluons notre mère et notre patrie. Catholiques nous sommes tes enfants, français nous sommes tes soldats!

« M. de Roquefeuil a touché aussi le sujet qui, depuis près d'un an, provoque chez nous des préoccupations profondes et des efforts qui sont en voie d'aboutir. Il a parlé de l'organisation des catholiques français pour combattre le parti anti religieux qui nous gouverne. Avec délicatesse il a signalé les difficultés que rencontrent les hommes longtemps compromis dans les luttes parlementaires. N'est-il pas vrai que la catégorie de jeunes citoyens arrivée depuis peu à la majorité politique, entrée depuis hier dans l'arène, sera bien plus libre de ses allures et de sa conduite. « Notre jeunesse n'a point de passé », a dit M. de Roquefeuil ; et il a exhorté ceux qui l'écoutaient, ouvriers ou membres de la classe favorisée, à constituer le parti catholique sur la base donnée par le Saint Père, sur la règle de la justice et de la charité.

« L'émotion produite par ce discours était vive. Vous devinez l'accueil fait à M. de Mun se levant pour donner à de telles paroles la réponse qui était dans tous les cœurs. Quel admirable interprète de la conscience et de l'enthousiasme ! il faut bien que j'essaye d'analyser cette harangue, non pas pour faire juger des beautés dont elle est remplie, mais pour constater la gravité des pensées qui en sont la substance.

« C'est de joie et d'espoir que l'illustre orateur a parlé. Les faits qu'il a commentés justifient son allégresse. A Rome, aux pieds du Pape, près de ce Père bien-aimé, près du « Pape des ouvriers », devant les manifestations d'une souveraine tendresse, comment ne pas se souvenir des débuts de l'apostolat qui maintenant s'épanouit? M. de Mun a résumé cette histoire composée de vingt ans de labeur. Dans la personne de M. de Roquefeuil et des représentants de la Jeunesse française mêlée aux ouvriers, consacrée solennellement à l'œuvre de la réparation, il a salué la victoire. « Vous êtes ma plus grande récompense! » s'est écrié M. de Mun.

« Et, en effet, cette scène qu'il considérait avec tant de joie et qu'il décrivait avec une éloquence merveilleuse, c'était la vue de l'avenir. On pouvait, comme il le disait, contempler le spectacle de l'union désirée et préparée, formée enfin : les enfants des riches et les enfants des pauvres dans les bras les uns des autres. Il fallait, ajoutait M. de Mun, il fallait venir ici près de l'autorité gardienne des serments. C'est ici que reside la force. Rapidement, l'orateur rappelait l'exemple de la vitalité surnaturelle que possède l'Eglise. Quels que soient les malheurs de notre époque, de plus grands se sont produits jadis. L'Eglise a commencé à vivre en triomphant de tous les dangers. Saint Paul enchaîné attestait, par ses actes comme par ses paroles, cette invincible puissance; il convertissait les geôliers dont on l'entourait, il secouait ses chaînes en affirmant la vraie force : *Verbum Dei non est alligatum!*

« Exhortant les ouvriers et les jeunes gens à se pénétrer des leçons contenues dans l'Encyclique, M. de Mun a dit : Vous emporterez d'ici la foi complète. Vous retiendrez, avec la leçon écrite, la leçon parlée. Vous méditerez les exemples du Pape, mettant le premier en pratique les conseils qu'il distribue, se donnant tout entier, Lui, le souverain que les hommes n'ont pas choisi. Vous vous donnerez vous-mêmes. Vous vous souviendrez que, parmi tant de souverains qui ont répandu des promesses, un seul a tenu les siennes. Allez, faites comme le Pape qui a reconnu le droit des ouvriers. Levez-vous les uns et les autres dans la fierté de votre baptême et de votre nom de Français. Servez avant tout l'Eglise, vous servirez ainsi les plus précieux intérêts de la France!

« Cette nécessité de l'union, fondée uniquement sur un principe religieux, a été proclamée aussi par les applaudissements de l'auditoire. Quand M. de Mun a exprimé le vœu qu'on se hâtât de constituer le parti catholique; que les défenseurs de l'Eglise se retirassent de l'arène des partis politiques, des acclamations formidables ont répondu. En terminant, le grand orateur a rappelé des souvenirs charmants. Il a montré le cardinal Langénieux, qui lui a fait faire sa première communion, conduit par la Providence sur le chemin où s'engageaient, il y a vingt ans, incertains et isolés, les fondateurs de l'œuvre des Cercles Catholiques d'ouvriers. Depuis, l'alliance n'a fait que se développer en se fortifiant. Aujourd'hui, le Cardinal Langénieux est présent encore pour assurer le triomphe de ces pèlerinages prodigieux que les Harmel transportent des profondeurs de la France aux pieds du Pape. »

« Une exhortation pleine d'esprit et d'énergie, improvisée par S. Gr. Mgr l'archevêque d'Aix, a résumé les enseignements de cette réunion qui s'est terminée par le chant en chœur de la prière « *Oremus pro Pontifice Nostro Leone.* »

Après cette intéressante réunion, nous nous retirons pour goûter enfin quelque repos. Je suis brisé de fatigue au point de pouvoir à peine gagner mon lit. La migraine me presse. Mes camarades sont comme moi exténués. Le Romain, en cicérone arrivé conciencieusement au bout de sa tâche, a des picotements dans la gorge. Rafinaud s'agite sous l'empire d'une excitation nerveuse indescriptible et parle de rester la nuit entière devant sa table, la plume à la main, pour envoyer à sa famille le récit de la journée.

Je ne suis nullement tenté d'en faire autant. Au reste j'en serais incapable : comme un oiseau de passage, j'ai trop vu et vu trop vite; il me serait impossible de démêler et de coordoner la foule de mes impressions. Je ferme les yeux, mais le sommeil me fuit; ma tête travaille, mes idées se brouillent; je vois des papillons bizarres voltiger autour de dômes, de colonnes brisées, de figuiers de Barbarie. Il y en a de blancs, de noirs, de rouges ; ils se transforment en gardes suisses, en prélats, en moines, en marchands d'allumettes, en antiquaires, en orateurs devant un grand verre ; quelques-uns affectent des formes de chemises flottantes au-dessus d'une rue. Tous bourdonnent, et j'entends au milieu d'un murmure de voix confuses : Viva... Cerini... tes soldats !

XIV

LA MESSE DU PAPE A SAINT-PIERRE

Ès cinq heures du matin, secouant le sommeil qui nous semblait cependant bien doux, nous partons pour Saint-Pierre en grignottant un *maritozzo* (1) tout frais sorti du four. La messe pontificale ne doit commencer qu'à huit heures, mais on a l'intuition de la manifestation qui se prépare et Rome catholique entière est déjà debout. Les rues regorgent d'une foule bariolée où toutes les races

---

(1) Gâteau romain.

humaines sont représentées, où tous les rangs, tous les âges sont confondus. Les Transtévérins, les *Montigiani* (1) en costume de fête, coudoient les Asiatiques et les Africains venus des missions les plus lointaines. Des religieux de tous les ordres, avec un grand parapluie vert en guise d'ombrelle, des séminaristes de toute taille et de toute couleur, fendent, en baissant les yeux, des groupes de matrones dont les colliers de corail rougissent sous la mantille noire. On reconnaît les Français à leur démarche vive, à l'aplomb de leurs allures ; sur le sol du patrimoine de Saint-Pierre si souvent arrosé de leur sang, ils se sentent chez eux. Au premier rang des plus pressés, nous apercevons nos connaissances de la gare de Lyon : le nègre en complet gris, et le monsieur au cache-poussière.

Comme des fleuves qui portent leur tribut à la mer, toutes les avenues du Borgo déversent leurs flots humains sur l'immense place Saint-Pierre.

---

(1) Habitants du quartier des Monti.

A la hauteur de l'obélisque, un cordon de *Bersaglieri* nous arrête ; un officier demande les cartes d'entrée. Malheur à qui n'en a pas, il est repoussé impitoyablement. Sous

prétexte de protéger le Pape, les Piémontais s'instituent arbitrairement portiers du Vatican ; c'est, paraît-il, une de leurs manières de pratiquer la théorie de « l'Eglise libre dans l'État libre. » Ces pauvres soldats semblent comprendre du reste, l'inopportunité de leur rôle : ils se serrent, intimidés, autour de l'obélisque dans l'attitude que pourraient avoir des prisonniers de guerre, tandis qu'au-dessus d'eux les rayons du soleil levant éclairent comme une condamnation solennelle la fameuse inscription :

ECCE CRUX DOMINI
FUGITE PARTES ADVERSÆ
VICIT LEO
DE TRIBU JUDA

Heureusement, nous sommes en règle et pouvons gagner sans obstacles, par le portique de Charlemagne et les sacristies, le transept de la Basilique réservé au Pélerinage International de la Jeunesse ; grâce à notre diligence, nous nous trouvons au premier rang, près de la confession, en face de l'autel papal.

Les nefs sont splendidement décorées ; les derniers préparatifs de la cérémonie s'achèvent à la hâte ; le sacriste des chapelles Vaticanes dispose sur l'autel les ornements pontificaux ; les *San-Pietrini*, en livrée bleu de roi rehaussée de velours amaranthe, couvrent de tapis l'espace réservé au défilé du cortège; le Maître de chambre de Sa Sainteté, au milieu d'une légion de camériers secrets donne ses derniers ordres, tandis que les Chambellans, vêtus de l'élégant costume espagnol dessiné par Raphaël, vont et viennent, indiquant à chacun sa place.

L'heure s'avance, la foule des nouveaux arrivants monte comme une marée qui remplit la vaste enceinte; les Évêques et les membres du Corps Diplomatique s'installent; le Grand-Maître de Malte fait son entrée dans un apparat presque royal, précèdant ses chevaliers qui se groupent à quelques pas de nous.

Soudain les dalles sonores vibrent sous un cliquetis d'éperons, une longue file de panaches ondoyants traverse la foule, les Gardes-Nobles, superbes dans leurs brillants uniformes, se postent aux côtés de l'autel. On sait qu'ils précèdent le Pape de quelques minutes. Une indicible émotion s'empare de l'assemblée, tous les regards se concentrent vers un même point : les tentures qui ferment la chapelle de la *Pietà* s'écartent lentement, et, diaphane comme une vision, au milieu des flots de soie blanche qui l'enveloppent et des *Flabelli* qui lui forment une auréole, Léon XIII, porté sur la *Sedia Gestatoria*, apparaît au-dessus des têtes inclinées. Aussitôt les acclamations éclatent et se propagent sous les voûtes comme un roulement de tonnerre; le chant du « Tu es Petrus » est couvert par les cris de soixante mille Romains auxquels répondent ceux des pèlerins : cris d'amour pour le Père, de fidélité au Souverain, de protestation contre les spoliations dont Il est la victime!

La Garde Palatine fait la haie sur le passage du cortège qui défile avec pompe autour de la confession : en avant, marchent les Gardes Suisses soutenant à deux mains leurs lourdes épées, les chefs des ordres religieux accompagnés de leurs assistants; puis les chapelains pontificaux portant les tiares et les insignes, les Cardinaux, les grands dignitaires laïques de la Cour : le prince Ruspoli, Maître du St-Hospice, le marquis Sachetti, Grand-Fourrier, le marquis Serlupi, Grand-Écuyer, le prince Massimo, Maître des Postes, le Comte de Courten, colonel de la Garde Suisse, le prince Altieri commandant de la Garde-Noble, le Prince-Assistant au Trône, et enfin, entourant la *Sedia Gestatoria*, les prélats et les gentilshommes de l'antichambre pontificale; nous apercevons à leur suite S. E. le cardinal Langenieux, S. G. Mgr Gouthe-Soulard, MM. de Mun, Harmel, de la Guillonnière et de Roquefeuil.

Le Saint-Père arrive au pied de l'autel. Il revêt les ornements sacrés et commence la messe au milieu d'un silence plus émouvant peut-être que les clameurs qui viennent de s'éteindre. La respiration de ces quatre-vingt mille poitrines semble interrompue; tout ce peuple est suspendu aux lèvres du Pontife et, avec une ardente ferveur, il unit sa prière à la sienne. Au moment de la consécration, tous les fronts s'inclinent, tous les yeux se mouillent de larmes, l'auguste célébrant élève l'hostie sainte avec une majestueuse lenteur, et présente à nos adorations, le Dieu dont Il est le Vicaire....

Alors les trompettes d'argent de la Garde Palatine, cachées dans la Coupole, versent dans l'Église leurs étranges et ineffables harmonies : on dirait que *les anges aux instruments* se sont animés dans les fresques de *Melozzo da Forli* et qu'ils laissent tomber sur la terre un écho des concerts du ciel.

Le saint sacrifice s'achève dans un recueillement saisissant, à peine entrecoupé par les motets qu'entonnent les chantres de la Sixtine; puis le Pape quitte l'autel et va s'agenouiller sur un prie-Dieu où il reste prosterné pendant la messe d'action de grâces et la récitation du chapelet à haute voix.

Aussitôt la prière terminée, le cortège se reforme et le Saint-Père se fait porter devant la Confession. Là, debout sur la Sedia, étendant les bras comme pour embrasser l'Univers, Il prononce d'une voix profondément accentuée la formule de la bénédiction papale, et, traçant un grand signe de croix aux quatre points cardinaux, Il bénit la ville et le monde « *Urbi et Orbi* ».

Le moment est solennel; de nouveaux vivats retentissent : Vive le Pape-Roi! *Viva il Papa-Re*! on dirait que les pierres même prennent une âme pour crier avec nous : *Viva il Papa-Re*! L'enthousiasme n'a plus de bornes, les mouchoirs s'agitent, on escalade les barrières; Léon XIII, exultant lui aussi, le visage rayonnant, les paupières humides bénit et rebénit d'une main tremblante, la foule enivrée qui se précipite à ses pieds. Il veut refaire le tour de la confession pour que tous ses enfants puissent le contempler encore... Les Romains qui depuis longtemps n'ont pas vu le Pape ne se connaissent plus; tout le monde sent à cette heure que non seulement le *vrai*, mais le seul roi de Rome, c'est lui; nous avons cru un instant que la foule en délire arracherait la *Sedia Gestatoria* aux *Bussolanti*, et, forçant les grandes portes, ramènerait en triomphe le Pape au Quirinal (1).

Je quittai Saint-Pierre, transporté comme au sortir d'une extase, m'arrêtant sous ces parvis dont je ne pouvais détacher mes pas,

---

(1) Voici, sur le nombre et les sentiments de l'assistance les déclarations de la *Riforma*, organe radical :

E non esagero affermando che a 70 mila alincirca sommavano le persone che si recarono stamane à S. Pietro.	*Et je n'exagère pas en affirmant que les personnes qui se sont rendues ce matin à Saint-Pierre s'élevaient à 70.000.*

Après avoir dépeint l'entrée solennelle du pape et retracé le tableau de ce peuple, dont toutes les classes se confondaient et dont toutes étaient animées d'un même sentiment filial ce journal ajoutait :

Nuovi applausi e nuove acclamazioni salutarono il pontifice al suo uscire della Basilica. (30 septembre.)	*De nouveaux applaudissements, de nouvelles acclamations accueillirent le Pontife à sa sortie de la basilique.*

La *Tribuna*, organe ministériel disait :

In quel momento lo spectacolo era al punto culminante della sua grandiosità : quel vegliardo che alzava il calice con le braccia trementi, quelle sua Corte dai	*En ce moment, le spectacle était grandiose au plus haut point; ce vieillard qui élevait le calice de son bras tremblant, sa cour aux costumes resplendissants, agenouillée*

pour écouter encore l'écho des acclamations qui saluaient en toutes les langues de la terre cette Majesté suprême. La scène à laquelle je venais d'assister m'en rappelait une autre que des témoins oculaires m'ont racontée bien des fois :

costumi risplendenti inginocchiata intorno all'altare-quella folla straordinaria genuflessa o con le teste curve in tutto il tempio immenso, nel quale non si udiva che una musica sommessa, piena di misticismo, costituivano una scena d'una imponenza veramente unica	avec lui, devant l'autel, cette foule extraordinaire, fléchissant le genou ou courbant la tête dans le temple immense, dans lequel on n'entendait qu'une musique douce, pleine de mysticisme, tout faisait une scène dont le caractère imposant était véritablement unique.

(30 septembre)

L'*Italie*, organe de M. Crispi, estimait à 80.000 le nombre des personnes présentes, et s'exprimait ainsi :

« A peine Sa Sainteté eut-elle paru que tous les assistants se sont mis à battre des mains ou à agiter leurs mouchoirs. Un moment vraiment beau et d'une émotion réellement saisissante !

« Le silence s'est rétabli peu à peu et la messe a commencé au milieu du plus grand recueillement.

« La messe terminée, le Souverain Pontife s'est tourné vers la multitude infinie dont les yeux étaient tous braqués vers lui. Alors, d'une voix assez ferme, se redressant encore davantage, Léon XIII a prononcé

C'était pendant cette inoubliable matinée du 1ᵉʳ Janvier 1888; Léon XIII après avoir célébré sa messe Jubilaire, regagnait le Vatican au milieu d'une ovation telle qu'aucun souverain n'en reçut jamais. Les ambassadeurs de toutes les nations, réunis dans leur tribune, le suivaient de leurs applaudissements; tout-à-coup, l'un d'eux se leva, et, montrant d'un geste le cortège qui s'éloignait dans les profondeurs de la basilique, il s'écria : « Il n'y a plus qu'une puissance au monde, c'est celle-là ! »

Et moi, heureux élu d'un semblable spectacle, dans l'allégresse de ma foi triomphante je m'écriais aussi : « Oui, il n'y a plus qu'une puissance au monde, c'est celle-là ! »

---

la formule ordinaire de la bénédiction apostolique.

« Aux premiers mots, ces quatre-vingt mille personnes se sont prosternées comme poussées par un seul et même ressort, secouées jusqu'au fond de l'âme par la vue de ce saint vieillard qui invoquait sur elles la bénédiction du ciel. » (*30 septembre.*)

XV

DE SAINT-PIERRE A SAINT-PAUL

LA PLACE MONTANARA.
PYRAMIDE DE CAIUS-SEXTIUS.
PREMIÈRE ET TRÈS DOCTE DISPUTE AVEC LE GUIDE.
LA BASILIQUE OSTIENSE. — LAURATI !

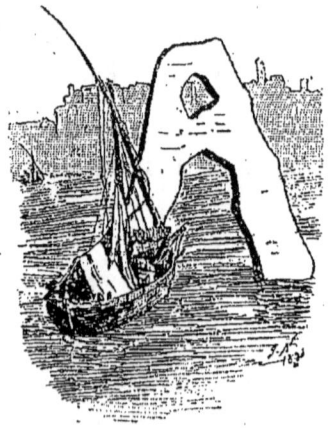

Près de telles émotions, il semble étrange de retomber dans la vie ordinaire. Nous voudrions, concentrant nos pensées, contempler indéfiniment en nous le spectacle qui nous a ravi et ne plus vivre que dans les sphères idéales un instant entrevues.

Mais, il faut descendre de ces hauteurs

et reprendre les pérégrinations de la veille. Nous n'aurons pas même la consolation d'errer à notre guise sous l'experte direction du Romain, nous devons nous asservir à un itinéraire tracé d'avance, ce qui suffirait à transformer la plus attrayante excursion en une fatigante corvée et à dépoétiser Rome elle-même.

Cette promenade en commun a été du reste organisée sans autre but que de nous permettre d'utiliser les voitures et le guide payés dès Paris, en beaux deniers, à la Société des Voyages Économiques; elle n'aura qu'un avantage : celui de mettre en relief certains types spéciaux, paraît-il, aux pèlerinages.

Après un rapide déjeuner, le groupe *Laurati* s'entasse dans quinze *botte* qui prennent le chemin de Saint-Paul-hors-les-murs.

Nous revoyons le Capitole. Nous passons au pied de la Roche Tarpéienne, sur la place *Montanara*, rendez-vous des *villani*, paysans du Latium, qui viennent y traiter leurs affaires et attendre, en jouant à la *Mora*, que les *Mercanti di campagna* les engagent pour les travaux de la semaine ou de la saison. Tout un angle de la place est assombri par un antique monument dans les flancs de marbre duquel on a creusé des cavernes enchevêtrées, comme les cellules d'une ruche d'abeilles, qui servent d'échoppes aux petits métiers du quartier. C'est le théatre qu'Auguste fit bâtir en l'honneur de Marcellus. Dans l'intérieur de cette ruine, nid colossal, les Princes Orsini ont aménagé leur demeure. Par une de ces métamorphoses si fréquentes ici, les loges sénatoriales sont devenues d'élégants salons et la jeunesse dorée de Rome danse le cotillon sur l'arène où jadis râlaient les gladiateurs mourants.

A peu de distance de la place Montanara, la route longe les bors du Tibre en contournant les escarpements de l'Aventin. Quelques bateaux à voiles chargés de vin de Sicile, d'huile ou de charbon, amarrés à la rive opposée, me font deviner une intention de port. Dans ce misérable entrepôt, nulle animation, nul mouvement, et voilà pourtant ce qui tient lieu de l'ancien port d'Ostie que les historiens dépeignent fourmillant de galères par où les richesses du monde affluaient à la Rome impériale.

On nous montre dans les jardins qui couronnent le sommet de l'Aventin le poétique couvent de Sainte-Sabine où mourut saint Dominique et d'où le Père Lacordaire ramena en France la robe blanche des Frères-Prêcheurs. A l'autre extrémité de la colline qui s'avance comme un cap au-dessus du fleuve, la villa des chevaliers de Malte cache dans ses délicieux bosquets l'antre où le géant Cacus fut immolé par Hercule.

Les voitures s'arrêtent près de l'enceinte d'Aurélien devant une pyramide en marbre blanc encastrée dans les murailles à côté de la porte d'Ostie. Notre guide, un très élégant *Signor* du terroir qui nous a distribué de ses cartes où il s'intitule professeur de français, entre en fonction. Il nous apprend dans un jargon fantastique que c'est le tombeau de Caïus-Sextius, préteur au temps d'Agrippa.

Porte Ostiense et Pyramide de Caïus-Sextius.

— Erreur! je réclame, s'écrie tout à coup un monsieur sec, armé d'un carnet de notes, le « monsieur qui a beaucoup lu ».

— *Che* voulez-vous, *Signor*?

— Eh morbleu! que vous nous disiez la vérité!.. j'ai fouillé les textes : Caïus-Sextius était un semptemvir qui présidait aux *Epulons* sacrés du *lectisternium*...

— Bon, bon, interrompent plusieurs voix, en route!

— Pardon Messieurs, je disais que Caïus...

— Vous marchez dans la tromperie, riposte le guide; mon métier, je connais, vous dites une *bougie!* (*una bugia*, un mensonge).

— Moi je m'étonne, confesse un jeune homme en extase devant le tombeau, de voir ce monument ici; je savais que les Romains avaient arraché d'Égypte des obélisques, j'ignorais qu'ils eussent aussi transplanté des pyramides!

Hélas il ignorait bien des choses encore; c'était lui, je le reconnus, qui confondait les deux *Suse*.

— C'est Caïus..........

Un fou rire s'empare de tous les gosiers,

et l'on remonte en voiture au grand désespoir de notre archéologue qui se venge sur ses voisins en les submergeant à jets continus de son érudition débordante.

Jusqu'à Saint-Paul notre caravane suit l'ancienne voie Ostiense, large route pavée et bien ombragée. Elle est échelonnée de refuges en palissades à l'usage des piétons exposés, chemin faisant, à la fâcheuse rencontre des troupeaux de buffles sauvages qu'on amenait de l'*Isola Sacra* aux abattoirs de Rome.

Maintenant, nul danger ne menace plus le paisible promeneur : les buffles se sont modernisés et c'est en chemin de fer qu'ils font leur dernier voyage.

La première vue de Saint-Paul où l'on accède par une porte de côté nous cause une centième désillusion. Dans ce vaste bâtiment sans caractère, aux murailles trop blanches, recouvertes d'un toit en tuiles rouges comme n'en n'ont plus chez nous que les maisonnettes de village, on a peine à reconnaître le plus magnifique des temples modernes.

Mais, lorsqu'on a franchi le seuil, et que

cet immense vaisseau se déploie tout à coup, on est frappé d'une sorte de stupeur, et l'on recule instinctivement, dans la crainte de souiller de pas humains les éblouissantes arabesques de vert antique et de porphyre.

La basilique Ostiense garde au milieu de ces splendeurs un trésor, après la tombe de Pierre, le plus précieux de la Rome chrétienne, les ossements du grand Apôtre qui, comme Pierre, et le même jour que lui, scella de son sang la pacifique conquête qui allait donner l'héritage des Césars à l'Église naissante. La nuit qui suivit son martyre, le corps de saint Paul fut déposé dans le cimetière de Lucine à la place qu'il occupe encore. Une ouverture pratiquée dans l'autel de la confession laisse voir une plaque de marbre sur laquelle sont gravés ces mots :

PAVLO APOSTOLO MARTYRI

Dans une fervente prière, nous supplions le Docteur des Gentils de nous donner son activité persévérante et son courage invincible pour les combats que l'Église soutient aujourd'hui contre les nouveaux païens. Il eut été doux de rester là et d'y épancher longuement nos âmes. Mais le guide qui s'agite et s'impatiente nous arrache à notre recueillement par des appels réitérés et entreprend avec une chaleur d'expression, une assurance qui étonne et persuade presque, la description et l'historique du monument.

Il affirme que les vitraux de Saint-Paul sont les plus beaux du monde, et que les portraits en mosaïque des papes sont d'une ressemblance garantie, à tel point que, pour imiter le feu du regard de saint Lin, on lui a mis des prunelles de diamant. Nous constatons, en effet, que les yeux du premier successeur de saint Pierre ont un éclat étrange. Mais nous ne pouvons admirer les vitraux ; l'explosion de la poudrière du *Monte-Verde*, en avril dernier, les a mis en miettes et ils sont provisoirement remplacés par des plaques vulgaires de verre dépoli. La même catastrophe a fortement endommagé les merveilleuses mosaïques du portique; elles sont masquées d'échafaudages; il est impossible d'en approcher et, sur la foi du guide, toujours pressé d'abréger les séances, nous allions quitter la basilique quand le Romain nous fit signe de loin de le rejoindre au fond

de l'abside près de laquelle s'ouvre l'entrée du couvent affecté autrefois aux religieux qui desservaient l'Église. Comme *San-Francesco-a-Ripa* ce monastère est maintenant une caserne et les carabiniers remplacent les fils de saint Benoît à la garde du tombeau de saint Paul. Nous lions conversation avec un des soldats qui s'intéresse à nous et veut nous montrer l'ancien cloître : une merveille! On ne peut décrire la grâce et la légèreté de ces ravissantes colonnettes aux rinceaux si finement fouillés, où s'enroulent capricieusement d'étroits cordons de mosaïque.

Ce bijou enserre un jardinet rempli d'orangers et de rosiers d'arrière-saison encore fleuris, coin charmant, tout imprégné de la paix monastique et de la poésie du vieux temps.

Rafinaud est subjugué : « Que n'ai-je vécu « cinquante ans plus tôt, s'écrie-t-il, je me « serais fait moine, seulement pour habiter « là ! »

Pendant notre station à Saint-Paul d'autres groupes de pèlerins sont arrivés, toujours dans quinze fiacres et les guides en tête. Malgré des recommandations multipliées, tous se mêlent puis se dispersent, chacun quitte son cicerone et court à qui crie le plus fort. Cependant nous devons partir; notre guide haletant fait d'inutiles efforts pour rassembler son troupeau fugitif. Le nom de notre hôtel, jeté à tous les vents, est le cri de ralliement : « Laurati ! » De toutes les chapelles, de toutes les galeries, on répond comme un écho : « Laurati ! Laurati ! » Bientôt on est au complet. Il faut alors se mettre à la recherche des voitures, qui sont, elles aussi, dans un inextricable désordre. On perd un temps précieux à les chercher et à les reconnaître. On les retrouve enfin et l'on s'éloigne au trot raccourci de leurs petits chevaux dans la direction des Catacombes.

XVI

CAUSERIES ET CATACOMBES

LES BRIGANDS. — NOS COCHERS.
LA PLAINE DE ROME.
LE CIMETIÈRE
DE SAINT-CALLISTE.
UN PEU D'HISTOIRE.

A voie Ardéatine monte entre deux épaisses haies qui nous cachent l'horizon. Nous marchons en plein *agro romano*, le lieu est solitaire.

Il y a peu d'années encore, le touriste imprudent qui s'aventurait sur ce chemin désert était fréquemment exposé à l'aventure que voici : tandis qu'il cheminait dans une entière quiétude, deux chasseurs, l'espingole en bandoulière, le traditionnel couteau à la ceinture, se dressaient à l'improviste au sommet du talus, le dévalaient prestement, entouraient le promeneur et lui proposaient, avec mille saluts courtois, de faire route en sa compagnie. Force était bien à celui-ci d'accepter cette suspecte société.

La conversation se nouait, on parlait de la chasse si fructueuse autrefois, de la dureté des temps actuels, du gouvernement de malheur qui ruinait le métier innomé mais assurément honorable des deux *galantuomini*. Au moment où les confidences devenaient plus intimes, où notre homme commençait à reprendre confiance, les deux compères faisaient tout à coup volte-face, l'empoignaient d'une main, lui mettaient de l'autre le couteau sur la gorge, et, se confondant en excuses sur la nécessité « grande », lui demandaient en termes choisis la bourse ou la vie. Inutile de résister, inutile d'appeler au secours : les renforts n'étaient pas loin, la crainte ou l'intérêt faisaient des complices de tous les habitants d'alentour; il ne restait à la victime qu'à se rendre à merci. Alors les bandits l'attachaient solidement à l'un des ormes qui ombragent la route, et après l'avoir dévalisée consciencieusement, non sans lui adresser les souhaits les mieux sentis, ils disparaissaient à la hâte en l'abandonnant à son sort. Heureux le pauvre hère si quelqu'honnête charretier regagnant vers le soir une *tenuta* voisine, passait de fortune, qui le délivrait.

Nous sommes en nombre et nulle silhouette de brigand ne corse le tableau. Les plus vaillants le regrettent. Quelle page palpitante un pareil incident ajouterait au livre d'impressions... qu'ils n'écriront pas!

Du reste, il faut dire que les bandits ne sont plus qu'une légende. Aujourd'hui, ces plaines, aussi bien que les épaisses forêts du Latium, sont plus sûres que les allées du bois de Boulogne et aucune apparition funeste n'y trouble plus les rêveries du poète ni la flânerie du promeneur.

La côte est raide, la chaleur accablante. Un nuage de poussière dense nous étrangle et nous aveugle. Nos haridelles baissent la tête et tendent avec effort le jarret. Cette allure donne des loisirs à notre automédon, le *signor Andrea*, qui sait jusqu'à dix mots de français et en profite pour entamer un bout de causette. Il nous parle de sa famille, de Paris qu'il veut voir avant de mourir (voir Paris est le rêve suprême de tout italien) et nous interroge sur ses confrères de France. Demandent-ils plus de seize sous par course? réponse embarrassante que nous esquivons prudemment. Il faut lui décrire les équipages du « Signor Carnot » et lui donner des nouvelles de « Boulanger » qu'il prend pour un grand homme et de « madame Michel, *la Vierge rouge* » qu'il prend pour une grande dame, peut-être pour la reine de France.

C'est vraiment un excellent homme, plein de naïveté et de bons sentiments; son inimitable jargon nous amuse et nous prolongeons volontiers l'entretien.

A ce propos, rendons justice aux cochers de Rome, types de l'âge d'or de cette corporation, qui nous ont presque réconciliés avec l'espèce. Toujours de bonne humeur, toujours prévenants, contents du moindre pourboire, loin de se poser, comme les cochers exigeants et grincheux dont nous « jouissons » à Paris, en ennemis-nés du bourgeois, ils montrent un réel souci de leur client et prendront, en tous cas, sa défense. Après le tumulte du Panthéon, nous les verrons arracher les pèlerins à la meute acharnée, les enlever de vive force dans leurs voitures, s'ouvrir à coups de fouet un passage, sans avoir cure des menaces ni des vociférations et, lançant leurs chevaux au triple galop, ne les plus arrêter qu'en lieu sûr, ce lieu fut-il loin.

Mais n'anticipons pas: rien encore ne nous fait prévoirs que le émules de Phaéton auront l'occasion de se transformer en émules de Mars.

Pour l'instant, ils savourent en conscience et nous augmentent de leur bonhomie les loisirs de la paix.

Pendant les haltes, ils se réunissent cinq ou six et organisent d'importantes parties de bouchon. A défaut de planchette pour marquer les coups, l'un d'eux en trace le nombre à la craie sur un garde crotte. Pendant les courses, ils mettent souvent leurs attelages au pas et dissertent avec la pratique, des choses politico-religieuses.

Le récit des prouesses de Louise Michel et de Boulanger nous a menés sur la hauteur. Soudain les paroles expirent sur nos lèvres: tout vain discours serait une profanation en face du spectacle que nous avons sous les yeux. Nous sommes au milieu de cette auguste campagne entrevue la veille au Janicule dans un rêve enchanté. Autour de nous, les champs récemment moissonnés, les prairies où l'ardent soleil d'automne a pompé un dernier reste de sève se confondent dans une teinte uniforme d'or bruni. Çà et là, des plantations de roseaux aux longues flèches tremblantes, quelques pins massés qui ceignent une villa

donnent l'illusion d'un peu d'ombre et de fraîcheur. Sur le sol brûlant et nu, la voie Appienne fuyant vers le Latium se dessine bordée de tombeaux, les aqueducs déroulent en longues files leurs arceaux où s'encadrent de sévères paysages. Du sommet des montagnes aux tours crénelées d'Aurélien, des premiers plans de la Sabine aux marais vaporeux des plages tyrrhéniennes, une chaude lumière enveloppe de larges reflets la plaine entière qui pourtant garde dans cette atmosphère radieuse son aspect austère et mélancolique. Le travail de l'homme ne la féconde plus, la vie en est absente, et rien ne la rappelle que les durables images de la mort : les sépulcres. Mais combien cette tristesse des environs de Rome est solennelle, on croirait que la majesté de la Ville-Universelle impose à la nature elle-même, que les germes cachés dans le sein de la terre n'osent se développer près de ses murs et que tout s'immobilise au contrat de son éternité.

Cette impression grandit en nous à mesure que nous avançons. Le sol que nous foulons vibre de résonnances souterraines, car la mystérieuses cité des martyrs étend au-dessous ses labyrinthes la plupart encore inexplorés. Dans un champ qui confine la route, un toit s'incline sur des murs dont l'extrémité est à peine visible à fleur de terre : c'est la basilique de Nérée et Achillée bâtie au IVe siècle sur la catacombe de Domitille où reposaient ces saints. Abandonnée pendant les invasions des Barbares, elle disparut peu à peu sous l'exhaussement du terrain et, depuis des siècles, on n'en connaissait même plus la situation précise quand Mgr de Mérode et M. de Rossi entreprirent, il y a une trentaine d'années, les recherches qui la remirent au jour. Nous savons que la catacombe de Domitille est une des mieux conservées et des plus intéressantes; malheureusement elle est fermée et nous nous hâtons dès lors vers celle de Saint-Calliste où les pèlerins sont attendus.

Nous y sommes reçus par les Trappistes français à qui Léon XIII a donné les terrains dans lesquels le cimetière est creusé, à condition qu'ils en seraient les gardiens et en poursuivraient la restauration. Tout heureux de trouver un compatriote dans le moine en froc blanc qui s'offre à nous guider, nous nous engageons à sa suite dans un étroit escalier qui s'enfonce aux entrailles de la terre. La lumière du jour disparaît, les longues allumettes de cire que chacun de nous tient à la main éclairent à peine nos pas et déchirent de raies sanglantes les parois ténébreuses de ces galeries qui s'ouvrent de tous côtés, sillonnant à des profondeurs insondables le sous-sol de pouzzolane. Les *loculi* béants s'étagent, pressés, jusqu'à la voûte. Depuis longtemps, les insignes reliques qu'ils renfermaient ont été transférées sur les autels. Mais, dans quel-

ques-unes de ces alvéoles, la terre est mêlée d'ossements et de fragments d'ampoules auxquels adhèrent encore des gouttes de sang desséché. Parfois même, une sépulture restée intacte laisse voir à travers les fentes du marbre qui la ferme, un squelette entier, ou plutôt la forme d'un squelette dessinée par la poussière humaine sur la couche funèbre, frêle effigie qu'un souffle effacerait. Avec qu'elle indicible émotion et quel religieux respect je contemple ces cendres, germe d'immortalité bienheureuse qui fleuriront un jour dans les gloires de la Résurrection ! Les strophes touchantes qu'un semblable spectacle inspira jadis à un pieux poète (1) surgissent sur mes lèvres :

J'ai touché de mon front leur poussière bénie
Et j'ai compris
Que leur âme a laissé comme un souffle de vie.
Dans ses débris,
Et qu'en ce sable humain qui dans nos mains mortelles
Pèse si peu,
Germent pour le grand jour les formes éternelles
De presqu'un Dieu.

---

(1) Mgr Gerbet.

Au sommet des pierres tombales, nous lisons des inscriptions éloquentes dans leur brièveté, cris d'amour et d'espérance jetés par les survivants sur des sépulcres chéris. Souvent l'épitaphe est remplacée par des emblèmes qui traduisaient, en traits intelligibles aux seuls chrétiens, les figures de l'Ancien Testament et les dogmes de la Nouvelle Loi. Nous aussi faibles héritiers de la race du Christ, nous baisons ces symboles

> Du saint adieu
> Et la palme, et le phare, et l'oiseau qui s'envole
> Au sein de Dieu.

On trouve soigneusement dissimulées entre les galeries des chambres funéraires réservées aux plus illustres martyrs ou domaines des familles nobles. C'est en ces obscurs réduits, modestes théâtres de toutes sublimités, que les pontifes célébraient les saints mystères quand la persécution sévissait plus violemment et les forçait d'abandonner les églises de la ville. C'est là que les foules pieuses de nos pères dans la Foi se réunissaient auprès des restes des témoins du Crucifié déjà entrés dans leur royaume et surmontaient leurs larmes d'un instant par les chants de triomphe qui ne devaient s'achever qu'aux Cieux. C'est là qu'ils se rendaient le soir, au milieu des ombres protectrices de leurs assemblées, afin de retremper leurs forces aux sources de vie, veillée des armes pour les nouveaux chevaliers de Dieu qui allaient, peut-être, le lendemain, cueillir à leur tour la palme du combat suprême.

Sur les voûtes et sur les parois des chambres funéraires apparaissent des fresques très distinctes encore : le Bon Pasteur avec ses brebis ou :

> Jonas, après trois jours, sortant de la baleine
> Avec des chants,
> Comme on sort de ce monde après trois jours de peine
> Nommés le Temps.

Dans l'une de ces chambres, notre cicérone nous appelle autour de lui et nous raconte l'histoire de « Saint-Calliste » :

Ce cimetière est l'un des moins anciens des cimetières chrétiens de Rome, mais le plus important, car il avait été choisi dès la fin du IIe siècle pour le champ de repos des papes qui y dormirent leur dernier sommeil jusqu'à Constantin. Sainte Cécile y fut ensevelie par les soins de saint Urbain. De telles reliques désignaient cette catacombe aux sacrilèges destructions des barbares; aucune ne fut plus saccagée. Lorsque le flot dévastateur se fut écoulé, Pascal II entreprit d'exhumer tous les corps saints et les fit porter dans les basiliques de la ville. Depuis, la nuit régna sur « Saint-Calliste » jusqu'à ce que de nos jours, le chevalier de Rossi se consacrât avec la science et le zèle que l'on sait, à la continuation et à l'agrandissement des fouilles commencées par Bosio et restituât enfin à l'Église la Rome souterraine.

Tandis que nous reprenons notre course à travers les galeries, un bruit sourd de voix humaines atténuées par de bas échos, frappe nos oreilles. Dans des lointains sombres, vacillent de longues files de lumières qui semblent s'avancer d'elles-mêmes : ce sont d'autres groupes de pèlerins qui, sous la conduite d'un moine, parcourent comme nous les catacombes. Puis nous remontons au grand jour et nos yeux sont éblouis de la subite lueur du soleil. A l'entrée du couloir que nous quittons nous rencontrons de nouveaux visiteurs qui attendent impatiemment notre guide. Nous leur souhaitons les mêmes émotions fortes et douces dont nous avons ressenti l'ineffable atteinte et, subissant la commune loi qui régit le séjour à Rome : la confusion du monde sacré et du monde profane, nous passons sans nulle transition de celui-là à celui-ci.

XVII

COLUMBARIUM ET COLISÉE

CŒCILIA METELLA. — UN PÈLERIN CONVAINCU.
LE SOIR AU COLISÉE. — ÉLOQUENTE TIRADE.
LE CONTENU DE LA « VALISE ».

ous regagnons la voie Appienne. Elle nous conduit maintenant au tombeau d'une autre Cécile qui appartenait comme celle dont nous venons de vénérer la mémoire, à la puissante lignée des Metelli.

Ce monument, type gracieux et pur de l'Art ancien, se dresse au point culminant d'un plateau dont nous gravissons la pente douce. C'est une tour ronde et de proportions harmonieuses que supporte une base carrée taillée largement dans un bloc de travertin. Une frise légère court autour de la corniche soutenant cette simple inscription :

CŒCILIA METELLA

L'intérieur formait autrefois une vaste chambre sépulcrale au milieu de laquelle un ample sarcophage contenait la dépouille de la fastueuse patricienne. Mais malgré le luxe qui ornait et paraissait défendre contre l'oubli et l'outrage des siècles les restes de l'altière Romaine, depuis longtemps elle s'est évanouie de la mémoire des peuples, ses cendres ont été jetées aux vents par des mains indifférentes, et le splendide cercueil vide n'est plus qu'un objet de vague curiosité ; tandis que Cécile chrétienne, la haute dame descendue volontairement à la condition des plus humbles servantes de la Croix, voit les âges augmenter sans cesse le prix de son souvenir, et le marbre qui garde ses ossements s'user sous les genoux des fidèles de ce culte qui l'établit grande à jamais devant Dieu et devant les hommes.

D'un rapide coup d'œil nous saisissons ensuite l'ensemble des tombes qui jusqu'aux monts Albains jalonnent la voie et nous redescendons vers Rome. La Cité Reine se profile

dans les brumes du soir. Le soleil qui décline à l'Occident répand une pâle clarté sur l'or des dômes pendant, qu'à l'Orient, l'ombre qui monte baigne les murailles et en fait trembler les contours indécis.

Avant de rentrer dans l'enceinte, nous visitons la basilique de Saint-Sébastien dont l'état de vétusté et d'abandon me serre le cœur et où je remarque surtout la magnifique statue du soldat martyr érigée sous la Confession qui recouvre sa tombe. Dans cette église, on honore aussi sur un pavé la trace qu'y laissa de ses pieds Notre-Seigneur lorsqu'il apparut à saint Pierre qui s'enfuyait pour échapper à la persécution.

Puis, nous franchissons l'ancienne porte Capène défigurée par l'arc de Drusus. Dans une vigne, à droite de la route, on montre le *Columbarium* des Scipions, haut et large caveau sépulcrale de cette famille illustre : les urnes funéraires y sont rangées dans des niches dont la superposition rappelle la forme d'un colombier, d'où le nom de *Columbarium*. C'est en présence de ce monument, tout « laïque » que je puis à mon aise, étudier les types des pèlerins dont chacun me décèle sa caractéristique et que les contemplations religieuses où je m'étais absorbé jusque là m'avaient dérobés. Il est un de mes compagnons principalement qui attire, à cet égard, et amuse mon attention. Après avoir employé quelques minutes à tromper la vigilance du gardien par d'habiles tours et détours, il se baisse subitement, se saisit d'une mince amphore qu'il suppose, sans doute, remplie de cendres fameuses et la glisse, d'un brusque mouvement, dans une énorme valise qu'il ne referme qu'après des efforts désespérés. Cet audacieux voleur est un petit homme assez gros et très essoufflé... Oh! oui très essoufflé et tout en

Porte Capène et Arc de Drusus.

silence comme tout en soupirs, tout en silence pour ne rien perdre des spectacles qui se succèdent à ses yeux démesurément et obstinément ouverts ni des explications et commentaires que recueillent ses oreilles prodigieusement tendues, et, tout en soupirs pour manifester de façon discrète ses diverses impressions : soupirs de terreur à chaque marche qu'il faut monter, soupir de joie à chaque édifice exploré et soupir de regret amer à chaque édifice inexplorable. En raison de tous ces soupirs si savamment nuancés qu'il poussait sans relâche, on l'avait surnommé « Pousse-Pousse ». Sobriquet irrévérencieux mais expressif. Pousse-Pousse, au demeurant est un vrai pèlerin, un pèlerin convaincu et l'un des derniers, sans doute, de cette tribu qu'à chassée des terres et des mers le moderne touriste distrait et blasé; son crâne que n'abritent que de rares cheveux, est un petit temple voué à l'amour du passé quel qu'il soit et où brûle perpétuellement le feu sacré des admirations sincères.

Le voyant sans cesse nue tête et son chapeau à la main, j'avais attribué à un respect persévérant cette attitude exemplaire; cependant comme il se découvrait également devant la pyramide de Caïus-Sextius et devant le tombeau de saint Paul, aux catacombes et au *Columbarium*, je finis par ne plus apercevoir sous cette politesse impartiale qu'une persistante surabondance de sueur.

Mais si l'une des mains de Pousse-Pousse était de la sorte occupée, l'autre ne l'était pas moins constamment à supporter le poids très léger au départ, fort lourd au retour, de la valise au ventre rebondi qui nous parut bientôt le complètement obligé du personnage, car, à mesure qu'elle s'arrondissait, le front de son heureux propriétaire se dilatait. Après notre visite aux catacombes, vous ne l'eussiez déjà pas reconnue; elle n'était plus svelte, voire flasque comme le matin.

Mais à notre sortie du Columbarium, elle succombait, décidément, de pléthore, elle craquait de toutes ses coutures et jointures, et Pousse-Pousse, presque accroupi sur la dernière marche, tirait les poignées à lui avec une telle violence qu'elles étaient près de se rompre quand un voisin charitable

l'aida à hisser son fardeau dans un fiacre.

Qu'avait-il donc rapiné, avec l'amphore, de si pesant et de si précieux?... Je l'apprendrai à l'hôtel.

De l'autre côté de la route, en face du Columbarium, au milieu des plantations de vignes et de roseaux, sont éparses d'énormes ruines dont les frontons dégradés et les voûtes à jour ressemblent à des cratères de volcans éteints : voilà les Thermes de Caracalla, les plus grands débris de la Rome césarienne. On ne les visite pas, il faut payer *un franc* d'entrée...... C'est trop cher pour les *Voyages Économiques*.

Je me console néanmoins, sans délai, de cette déconvenue en arrivant au Colisée entrevu, la veille, à travers l'Arc de Titus.

Au premier regard, ce cirque gigantesque que l'on a comparé au moule où l'on aurait coulé les sept collines me stupéfie malgré l'attente de mon imagination. Puis un sentiment de fierté attendrie m'envahit: ne sommes nous pas les fils des légions de martyrs qui, selon l'admirable propos de Tertullien, « vivifièrent de chair et de sang du Christ ces pierres orgueilleuses et y mirent l'éternité de l'Ame victorieuse en vêtement au fragile néant de leur apparente immortalité, afin que ce néant gardé par cette éternité ne cessât plus de témoigner de Dieu et de son Église? »

La nuit qui se déploie rapidement plonge les arceaux et les voûtes dans une vapeur ténue et très mobile qui prolonge et mêle toutes ces profondeurs et toutes ces noires échappées en perspectives fantastiques. Et nos voix, saisies du lourd silence qui monte de l'arène et descend des gradins, sonnent graves et nous retombent altérées, comme si le recueillement des siècles dont est fait ce silence les accablait. Pour secouer cette espèce d'étourdissement où m'a réduit d'abord l'immobilité de mon infime petitesse au milieu de toutes ces autres immobilités immenses, je marche sur le sol dénudé du sable que les papes y avaient répandu pour que la terre imbibée et engraissée du sang chrétien ne fut pas foulée aux pieds. Nous passons devant l'espace où se déroulait le chemin de la Croix. Les approches en ont été déblayées et nous distinguons l'entrée des couloirs secrets et des chambres souterraines, antres des bestiaires et des fauves, et receptacle des machines. Pousse-Pousse, prétend y pénétrer. Notre guide s'y oppose et, peu respectueux de nos rêveries, il ne nous épargne pas la traditionnelle tirade historique, en ce style bigarré, prétentieux et fertile en involontaires calembours, ordinaire aux *ciceroni* : « Ces murs pleins de *dégradations* nous dit-il — hélas! que ce pluriel est justifié — ces murs étaient autrefois *tapissés* de sénateurs...... L'empereur avait sa loge au *cœur* des degrés... les Vestales s'asseyaient *sur ses côtes*; 80.000 romains *s'étageaient* dans les tribunes *hauts* et les marins de l'impériale flotte, *grimpés* sur la corniche, tendaient au-dessus du divin *cap* de César le velum de pourpre, large comme le ciel lui-même. Mais aujourd'hui... aujourd'hui, ajoute l'enthousiaste par métier, d'un accent tragique, les féroces animaux qui s'entre-déchiraient et les gladiateurs qui *s'entre-dépeçaient* en cadence sont remplacés par de paisibles pèlerins, par des curieux simples, et, au lieu du peuple-roi ivre de carnage, il n'y a plus là que des... *corbeaux!* »

A ces mots, le monsieur qui a beaucoup lu prend à partie le guide et affirme chaudement que ce ne sont pas des corbeaux qui croassent et s'ébattent dans les interstices des pierres et sur les arêtes des murs mais bien des corneilles, hôtesses spéciales et consacrées des ruines romaines. D'ailleurs cet intraitable érudit ne s'est pas lassé un instant ni ne se lassera désormais de poser au cicérone d'insidieuses questions. Bardé de réminiscences classiques extraites des moelles d'Horace et de Tite-Live et, la bouche garnie de pages entières de Bœdeker, il va semant les dates et les noms propres. Effroyable simulacre et parodie de l'érudition que cet honnête homme! On le fuit en hâte lorsqu'on a beaucoup lu soi-même; mais il recrute de faciles admirateurs dans le *profanum vulgus* et les suspend à ses lèvres alertes d'où coule le flot serré de la science universelle.

Il sait tout depuis l'histoire romaine d'avant la fondation de Rome jusqu'à l'histoire romaine des temps à venir, et, quant à la Rome du présent, bien qu'il n'y ait résidé qu'une seule fois, quarante-huit heures, il affecte d'en avoir pénétré les secrets les plus intimes : « Ne laissez pas votre porte-monnaie dans votre poche, dit-il sans cesse, nous sommes dans un pays de voleurs... il vous serait adroitement filouté... ne vous y fiez pas, » ou bien : « Pour contempler le coucher du soleil, jetez votre manteau sur vos épaules... nous sommes dans un pays de fièvres... ne vous y fiez pas, etc. etc. » Il suffit que, par hasard, l'une de ces prédictions se réalise, pour qu'il nous lance, se rengorgeant, ces quatre mots sacramentels : « *Je l'avais dit.* » Eh! c'est justement ce qu'on lui reproche.

De retour à l'hôtel, après avoir longé d'autres ruines encore celles des « forums » de Nerva et de Trajan, je surprends mon ami Pousse-Pousse en proie à des efforts inouïs.

Il tente en vain de gravir les escaliers avec sa valise. Je lui offre mes bons offices. Il les accepte, et, voici qu'arrivé dans sa chambre, je vais enfin connaître le mystérieux trésor.....

Grand Dieu! ce sont des pierres, des herbes et des cornets de papier qui enveloppent de la terre ramassée dans tous les endroits célèbres et qu'il rapporte, m'explique-t-il, aux âmes pieuses de son pays, comme jadis sainte Hélène avait apporté à Rome la terre de Jérusalem. Les cornets blancs et d'égale grosseur sont sans étiquettes; l'intrépide collectionneur se fie pour démêler les origines de tous ces *humus* et sables glorieux... à sa mémoire. Mais c'en est trop : subitement elle défaille. Il ne se déconcerte pas pour si peu et, me faisant tout à coup l'honneur de placer mon érudition à la hauteur de ma complaisance : « Mon cher enfant, me dit-il, en me tendant une douzaine de petits paquets, rendez-moi ce dernier service....... d'où proviennent donc ces terres-ci ?

Je ne cède pas à la tentation de me parer aux dépens de l'admirable crédulité du candide bonhomme d'un savoir qui n'est pas le mien et je n'ose me prononcer que sur la poussière de la voie Ardéatine et sur la pouzzolane des Catacombes. Pour le reste, Pousse-Pousse aura trouvé un géologue plus savant ou peut-être moins consciencieux.

XVIII

LES ÉGLISES

PEINTRE ITALIEN SANS LE SAVOIR.
UN ENTERREMENT.
QUATRE BASILIQUES MAJEURES.
LE CAMPO-SANTO ET LE CIMETIÈRE DES CAPUCINS.
LE PINCIO. — RÉUNION DE LA SALLE DANTE.

E soleil, à l'aurore de notre troisième journée, se lève radieux. Perçant les légers rideaux de mousseline, il frappe de chauds rayons mes paupières. Je laisse ronfler paisiblement mes compagnons, et, avide de profiter de la liberté qu'on nous laisse pour la matinée, je me munis de mes accessoires de peinture et me dirige, le nez au vent, vers le Tibre et le pont Saint-Ange. Depuis ma première visite au château-fort, il m'était resté un vif désir de le croquer, peut-être, aurait dit Rafinaud, parce qu'il ressemble à un vol-au-vent monstrueux.

Je m'installe sur une pierre taillée, encoignure probable d'une future maison des *Prati-di-Castello* et m'apprête à prendre la vue du Tibre. Au bout de quelques instants, j'aperçois deux messieurs qui gesticulent avec entrain et que je reconnais tout de suite pour être du pèlerinage de la Jeunesse française. Ils s'approchent et se campent derrière moi. Celui des deux qui a l'apparence la plus cossue, après un regard indiscrètement glissé vers mon dessin, entreprend une longue dissertation sur la peinture française et sur les différences qui la séparent de la peinture italienne dont il croit distinguer un spécimen sous mon humble pinceau :

« Regardez, continue l'infaillible connaisseur, ce *pittore* fait le ciel avec du *bleu* et les arbres avec du *vert*. En France, nous avons adopté un autre système : les cieux de nos artistes sont moins foncés et leur arbres

vert plus tendre. En outre, leurs instruments composent un matériel compliqué : grandes toiles, grandes palettes, chevalets, parasols, etc. Le peintre que nous avons sous les yeux, lui, travaille en plein soleil sur une planchette enchâssée dans la boîte qu'il tient sur ses genoux; cette économie de moyens est plus pratique, c'est l'art réduit à sa simple expression... Mon ami, ne négligez pas de consigner cela dans vos notes. »

Je m'étais arrêté de peindre et j'avais peine

à contenir mon hilarité... Mais, pensai-je, serait-ce vrai? Comme monsieur Jourdain faisait de la prose sans le savoir, ferais-je, sans le savoir davantage, de la peinture italienne?

— Pardon, monsieur, dis-je enfin, n'êtes vous pas un pèlerin français?

A ces mots, l'expert en esthétique comparée sembla surpris et murmura à l'oreille de son interlocuteur : « Ces diables d'italiens parlent donc tous le français? » Puis il me répondit : « Oui, *signor*, je suis membre du pèlerinage de la Jeunesse française et c'est à l'*albergo* Laurati que j'ai élu domicile. »

— En ce cas, monsieur, repris-je gaiement, permettez-moi de vous serrer la main. Nous sommes du même voyage et du même hôtel! J'ignorais que j'eusse en vous un compatriote aussi versé dans l'étude des beaux-arts...

C'était ma revanche. Monsieur Prudhomme s'éloigna muet.

Je me disposai à retourner à l'hôtel dans l'intention d'y arracher mes camarades à leur profane sommeil, lorsque j'ouïs de lugubres psalmodies et je vis se déployer une pro-

LES ÉGLISES 223

cession de pénitents encapuchonnés, plus sombres que n'était celui qui avait piqué ma curiosité sur le seuil de la cathédrale de Pise.

Ils s'avançaient à pas comptés, portant inclinés de longs cierges dont la mèche se désagrégeait sous une flamme intense et dont la cire se déversait goutte à goutte dans de grands cornets de papier que tenaient tendus des *bambini*. Les quatre derniers pénitents qui fermaient le cortège courbaient leurs épaules sous un cercueil tout uni que ne suivaient ni voitures, ni parents. C'était un enterrement romain. On sait, en effet, qu'à Rome, dès que le moribond a rendu le dernier soupir, sa

famille se hâte de fuir, abandonnant aux domestiques le soin de vêtir et d'ensevelir le corps, et va se distraire à la campagne, parfois même au théâtre.

A l'hôtel, je fais mon « meâ culpâ » du jugement téméraire que j'ai commis plus haut : tout le groupe Laurati est allé aux emplettes pieuses. Je le rejoins chez le très renommé *Signor Beretti* dont l'élégante boutique, place de la Minerve, renferme un choix supérieur d'objets de dévotions : chapelets, médailles, statuettes de saint Pierre, croix de mosaïques. Après nous y être amplement approvisionnés, nous nous hâtons vers les voitures où nous devons faire notre seconde promenade. Celle-ci sera consacrée à celles des 500 églises de Rome que nous ne connaissons pas encore. Je n'entreprendrai pas de les décrire une à une ; un volume ne suffirait pas au détail de ces dorures répandues avec profusion, de ces colonnes dont beaucoup datent de temples païens, de ces plafonds à caissons flamboyants, de ces tentures de soie rouge, blanche ou bleue rehaussées de bandes de drap d'or et d'argent et de riches franges qui recouvrent malheureusement des fresques magistrales et des entablements profondément fouillés.

Nous commençons par Saint-André-au-Quirinal d'où nous nous rendons dans la chambre de saint Stanislas Kostka qui est proche, et montons à Sainte-Marie-Majeure. Là, nous comptons nous agenouiller auprès de la Crèche, selon la permission générale accordée par le Pape aux pèlerins de visiter toutes les reliques de Rome; mais la crypte est fermée. Nous nous mettons à la recherche du gardien; un petit clerc que nous rencontrons dans une chapelle nous répond qu'il se promène et avec lui les clefs.

A Sainte-Praxède, nous avons la chance de trouver un sacristain plus consciencieux qui nous montre la colonne en marbre noir de la flagellation.

Nous nous engageons ensuite dans la *via Labicana* où nous croisons de typiques voitures à vins originalement peintes en bleu et en rouge, et surmontées d'un siège en coquille autour duquel s'enroule un carillon de sonnettes innombrables et discordantes. Les chevaux sont ornés de housses que décorent des pompons rouges et des lanières flottantes; à leur front se dressent des plumets sur lesquels plus d'un petit *bersagliere* glisse, je présume, des regards de jalousie.

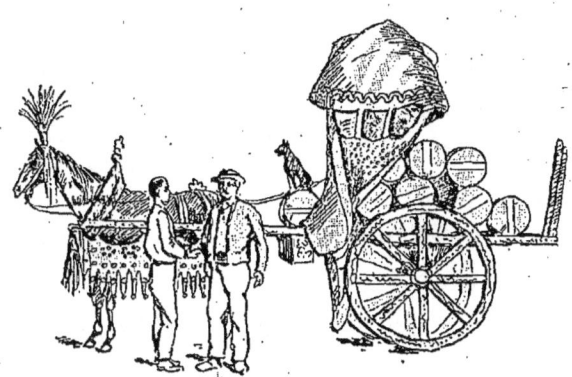

Par cette *via* nous arrivons à Saint-Jean de Latran, *Mater et caput omnium ecclesiarum urbis et orbis*. On y conserve la table de l'institution de la Sainte-Eucharistie et les chefs des apôtres Pierre et Paul. Le chœur entier a été récemment restauré par Léon XIII. A côté de vieilles orgues, au-dessus de la porte principale, est suspendu le drapeau de Lépante. Dans une nef latérale, un vieil Augustin confesse et distribue des indulgences à ses pénitents au moyen d'une longue baguette, *canuccia,* dont il leur touche la tête.

En face de Saint-Jean-de-Latran s'élève la *Scala Sancta,* l'escalier du prétoire de Pilate transporté à Rome par les soins de l'impératrice Ste Hélène et dont les degrés sont creusés par les genoux des générations de fidèles qui n'ont cessé, depuis, de les gravir dans cette humble posture réparatrice !

A Sainte-Croix-de-Jérusalem, nous honorons les reliques de la Passion déposées dans une étroite chapelle que dissimule l'épaisseur des murailles et où l'on accède par des couloirs secrets. Elles se composent de la triple inscription qui fut clouée au sommet du gibet du Calvaire, d'un clou, de trois morceaux de la vraie Croix et de celle du bon larron. Au-dessous de cette chapelle, il y en a une seconde, souterraine celle-là, et dite chapelle de Sainte-Hélène où les hommes seuls ont le droit de pénétrer : « Défense aux femmes, lit-on en latin, d'y entrer sous peine d'excommunication. » Une dame de notre compagnie enfreint la loi et pour cause... la langue en « us » ne lui étant pas le moindrement familière. Aussitôt, nous nous écartons d'un mouvement de saint effroi :

— Madame, nous écrions-nous, vous êtes excommuniée!..

Et la malheureuse de nous quitter les larmes aux yeux. Nous sûmes, peu après, qu'elle n'avait cru pouvoir se confier, dans cette subite infortune, qu'à une résolution désespérée : elle courut incontinent au Vatican où elle apprit, avec un soupir de délivrance, que tout anathème canonique contre les infractions de ce genre était lettre morte durant les pèlerinages.

De Sainte-Croix, en passant la *porte Majeure*, ainsi nommée, dit gravement notre guide, parce qu'elle est la plus *belle* de Rome, nous gagnons Saint-Laurent-hors-les-murs où reposent les cendres de Pie IX. Le tombeau du glorieux Pontife est très simple, mais les murs de la chapelle funé-

LES ÉGLISES 229

raire
disparais-
sent sous les
épigraphes et les
écussons de mosaïques,
hommages de diocèses,
d'ordres, de congrégations et de
pieuses familles de tous pays. Derrière le
maître-autel, est exposée la pierre sur laquelle
fut placé le gril de saint Laurent : des traces

du sang du martyr y sont encore visibles.

Au delà de la basilique s'étend l'immense *Campo-Santo* de Rome, véritable musée. Chaque tombeau y est un chef-d'œuvre d'art. Nous nous arrêtons surtout dans la partie la plus élevée de l'enceinte devant le monument érigé par Pie IX aux Zouaves pontificaux tués à Castelfidardo, à Ancône et à Mentana. La révolution l'a respecté matériellement, mais, par un raffinement d'insulte, car voici l'inscription, injure permanente à toutes les consciences catholiques, que la municipalité libre penseuse et libre faiseuse de Rome y a fait graver :

Questo monumento che	Ce monument que le
Il governo teocratico	gouvernement théocrati-
Ergeva a ricordo di	que éleva en souvenir de
Mercenari stranieri	mercenaires étrangers,
Roma redenta	Rome délivrée, le laisse
Lascia ai posteri	aux générations futures
Testimonio perenne	comme un témoignage
Di tempi calamitosi	éternel de temps de mal-
S. P. Q. R.	heur.
24 Octobre 1871	S. P. Q. R. 24 Oct. 1871.

Infiniment plus funèbre et d'un tout autre

caractère est le cimetière des Capucins. Nous descendons dans des salles basses dont des tibias, des vertèbres, des crânes tapissent les parois. Aux voûtes pendent des lustres faits d'ossements. Des squelettes de moines revêtus de leurs robes, et la barbe démesurément accrue, sont debout dans des niches de débris humains entrelacés. Une carte attachée à une chaînette qui entoure le cou de chacun, indique son nom, la date de son entrée en religion et celle de sa mort.

Remontés au séjour des vivants, nous nous dirigeons par terre française, c'est-à-dire, par la Trinité-des-Monts et la villa Médicis, vers le *Monte-Pincio* du haut duquel nous assisterons au coucher du soleil. Sur les superbes escaliers de la *Trinita*, des napolitains, des modèles, pensons-nous, de nos artistes de la villa, dansent allégrement la *tarentelle* aux accords douteux de l'*organetto* et de la *tamburella*.

Mais nous voici au célèbre *Giardino*. L'ombre y descend par nappes étroites. La brise Italique ranime de sa douce haleine le feuillage et les fleurs et rafraîchit les voix humaines qui se délient peu à peu puis

vibrent dans l'atmosphère purifiée. Les *lazzi* discrets se mêlent aux clairs éclats de rire et la volupté des choses et leur paix s'exhalent des bosquets parfumés dans les sons alanguis des harpes et les trémoli délicieusement aigus des violons.

Du point culminant *del monte*, nous revoyons la masse confuse des édifices, le

« moutonnement » des maisons entre-coupé de la verdure des parcs, la végétation de plus en plus indécise sur laquelle tranchent les ifs semblables, avec leurs rameaux reployés, à des parapluies fermés, tandis que les palmiers aux feuilles arquées affectent la forme de parapluies ouverts, et les pins aux branches retroussées celle de parasols retournés. Tout ce rapide et vague ensemble dont le crépuscule noie les contours, s'éclaire, çà et là, de nuances fugitives sous les feux exténués de l'Astre qui se couche dans un épancuissement de lointain incendie.

Bientôt, les dernières lueurs du jour se dilatent pâlissantes. La coupole de Saint-Pierre et le Vatican nous apparaissent surmontés d'un suprême rayonnement blafard qu'éparpillent en mille reflets les gerbes d'eau de la fontaine de Moïse. Et le soir s'épand.

Le flux des voitures et des promeneurs nous entraîne au Corso. C'est l'heure du défilé. Les lourds carrosses et les modernes landaux s'entre-croisent; les saluts et les brefs propos s'échangent; la plèbe encombre la chaussée, les marchands jettent leurs cris nasillards. Illusion de vitalité et de sécurité! Cette foule insoucieuse n'est que le grossier mirage des anciennes prospérités et des siècles expirés, car, là-bas, au fond des rues tortueuses et désertes, les vastes palais achèvent de se dissoudre dans leur vétusté abandonnée ou hantée presque furtivement de rares hôtes amoindris sur qui pèse le poids stérile de noms trop illustres. Seuls, les concierges solennels de ces glorieuses demeures du passé tiennent bon contre le présent. Immobiles sous les porches armoriés, appuyés, en silence, sur leurs massives cannes à pommes d'or et montrant haute mine dans leurs archaïques livrées aux galons flétris, ils semblent les mystérieux gardiens pétrifiés des débris d'une ville de rois autour desquels se meut un peuple de  gueux enrubannés et d'esclaves frivoles !

Dans l'après-dîner de ce jour déjà si bien rempli, la *Sociéta della Gioventù Cattolica Italiana* réunissait dans la salle Dante les membres des sociétés de jeunes gens et les étudiants catholique venus à Rome, de l'Italie et du monde entier, pour participer aux fêtes en l'honneur de saint Louis de Gonzague (1).

---

(1) N'ayant pu assister moi-même à la réunion internationale de la Jeunesse, j'en emprunte le compte-rendu au remarquable récit que mon compagnon de voyage, M. H. Réverdy, a publié de notre pèlerinage.

« Quinze cents personnes formaient un auditoire imposant. De nombreux discours ont été prononcés. Suivant l'usage diplomatique, les orateurs ont employé la langue française. M. le Commandeur Alliata, président de la Jeunesse Catholique Italienne, a ouvert la séance en annonçant que le Pape envoyait sa bénédiction à l'assemblée. Ces paroles ont été chaudement applaudies. Il a lu ensuite une lettre de Son Éminence le Cardinal Mermillod. Puis il a cédé la présidence à M. de Montenach, représentant de la Suisse, que son zèle en faveur du mouvement international de la jeunesse catholique désignait pour cette fonction. M. de Montenach a d'abord salué toutes les nations représentées au congrès. Il a exprimé le vœu que la jeunesse catholique de tous les pays formât une étroite union au service des classes populaires pour y faire triompher les doctrines sociales contenues dans l'Encyclique « *de conditione opificum* ». Nous sommes venus, a-t-il ajouté, vénérer saint Louis de Gonzague, réparer l'offense faite au Pape par la glorification de Giordano Bruno et montrer que Léon XIII peut compter sur des soldats fidèles car, le moment venu, nous serons unis pour reconquérir et défendre les droits de l'Église. »

« M. Van Overbergh, représentant de la Belgique, a prononcé un très savant discours sur les doctrines et l'organisation socialistes. Il leur a opposé, dans un superbe commentaire, les enseignements que le Pape vient de donner à l'univers catholique et l'union sur le terrain social de toutes les forces de la jeunesse. »

« M. R. de Roquefeuil, représentant de la France, a montré comment la Révolution avait donné naissance aux doctrines économiques libérales dont la banqueroute éclate à tous les yeux. Puis, adhérant pleinement aux paroles prononcées à ce sujet par les représentants de la Suisse et de la Belgique, il s'est réjoui de voir la jeunesse catholique de toutes les nations former une masse compacte pour rejeter unanimement ces doctrines surannées et aborder résolument l'avenir sous la conduite de l'Église dont les enseignements sociaux sont également infaillibles .»

« M. Nava, représentant de l'Italie, a signalé le contraste qui existe entre les efforts de la franc-maçonnerie pour séduire la jeunesse et l'élan de cette même jeunesse à venir vénérer saint Louis de Gonzague. Il a ajouté que, pour accomplir la restauration sociale, l'Église et le Pape doivent être indépendants de toute domination. »

« Son Altesse Sérénissime le prince Lœwenstein, représentant de l'Allemagne, a salué le congrès au nom des étudiants de sa nation.»

« Son Altesse Sérénissime le prince Lichteinstein, représentant de l'Autriche, a apporté le fraternel salut de ses jeunes compatriotes. M. Alberdinck, représentant de la Hollande, a parlé au nom de la jeunesse hollandaise ; M. Mayor représentant du Mexique, au nom de la jeunesse mexicaine ; M. Goléar, représentant de Malte, au nom de la jeunesse maltaise. M. le marquis Crispolti, au nom de la jeunesse romaine, a remercié le congrès de s'être tenu à Rome, la terre de la liberté de tous les peuples. Enfin, Mgr Cartuyvels, vice-recteur de l'Université de Louvain, a prononcé une allocution pleine de finesse et de chaleur. »

« M. de Montenach a terminé la séance en donnant lecture de l'ordre du jour acclamé par tous. Cet ordre du jour contient le vœu que les relations internationales des différentes associations de jeunes gens catholiques aillent toujours se resserrant, remercie M. de Montenach de son zèle en faveur d'une fédération, et l'assure du concours le plus dévoué de tous les représentants présents.

«M. de Montenach exprime sa reconnaissance pour la confiance qui lui est témoignée et recommande la création à Rome d'un cercle international de la jeunesse catholique

« Le lendemain, j'intervertis ici l'ordre des faits, un banquet fraternel a réuni, à l'hôtel de Russie, trois cents représentants de la jeunesse internationale. Au déssert, de nombreux toasts ont été portés. notamment au Saint-Père, à la commission romaine, aux nations représentées, et aussi aux nations absentes où nous comptons tant d'amis.

« Parmi nos compatriotes, MM. R. de Roquefeuil, Harmel, Gervais et M. l'abbé Didio, vice-recteur de l'Université catholique de Lille, ont pris la parole. Monseigneur Cartuyvels et MM. Van Overbergh et Schramme ont parlé pour les Belges, M. de Montenach pour les Suisses, Monseigneur Smoczinscki pour les Polonais, M. Mayor pour le Mexique, MM. Alliata, Massini, Tolli, Ladelci, Nava et M. Paccelli, conseiller municipal catholique de Rome, pour les Italiens. »

XIX

GLOIRE ÉPHÉMÈRE

DERNIÈRE AUDIENCE A SAINT-PIERRE.
RAFINAUD PRINCE ÉTRANGER.
ADRESSE DES PÈLERINS ET RÉPONSE DU PAPE.
LA CHAPELLE SIXTINE ET LES MUSÉES DU VATICAN.
UN PRÉLAT AIMABLE PROPHÈTE.

A journée du 1ᵉʳ octobre devait être donnée au Vatican, à ses musées, et d'abord à notre dernière audience papale. Aussi, pour éviter que les curieux se mêlassent, dans cette solennité d'adieu, aux membres du pèlerinage international de la jeunesse catholique, la consigne la plus rigoureuse veillait-elle à la porte de la basilique. Nous ne pouvions y pénétrer que sur la présentation expresse de nos cartes. Or le malchanceux Rafinaud, après avoir perdu, on se le rapelle, son pardessus, son révolver, etc., cherchait en vain la sienne dans les abîmes les plus cachés de sa valise. Déjà il gémissait à la pensée de se voir repousser au rang vulgaire des profanes du dehors lorsque la Providence lui offrit, à l'improviste, un moyen de salut sous la forme d'une belle médaille bleue émaillée, rehaussée d'un monagramme d'argent et suspendue à un large ruban rouge, qu'il découvrit parmi les mille objets dont il avait, sans trop savoir pourquoi ni comment, grossi ses bagages.

Au cri de triomphe qu'il poussa, nous l'interrogeâmes étonnés. Mais s'enveloppant dès lors de mystère, il s'exclama d'un air de supériorité où perçait un vague sourire à la fois protecteur et bénin : « Enfants, enfants, je vous le dis en vérité, voici que je vous vais exalter aujourd'hui dans ma chétive personne et que vous serez trop heureux de marcher au rayonnement qui jaillira de moi. » Stupéfaits à l'ouïe de cette prophétie, déroulée en ce style biblique, nous attendîmes humblement qu'il nous fut donné d'être les témoins de sa réalisation et nous n'attendîmes pas longtemps.

Arrivé à la colonnade, Evariste déploie ruban et médaille sur son plastron immaculé dont la blancheur relevé par ce mélange de couleurs harmonieuses brille plus vive et nous éblouit. Il s'avance la poitrine bombée et le port assuré. Sur le seuil du portique de Charlemagne, le suisse lui demande *il biglietto*. Notre imperturbable ne répond pas, mais entr'ouve, muet, et d'un geste presque distrait de superbe nonchalance, les pans de son pardessus....... Tableau! La sentinelle recule d'un pas, serre les talons et, les yeux respectueusement abaissés, présente la hallebarde à ce jeune commandeur d'un ordre inconnu, tandis que les gendarmes exécutent à leur tour le salut militaire, que les chambellans s'inclinent en de profondes révérences et que circulent distincts les mots de « prince étranger! »

Dans la chapelle du Concile, six mille pèlerins sont rassemblés palpitants d'une religieuse joie et d'un chaud enthousiasme. Sous un dais de damas rouge, un trône a été préparé au Souverain-Pontife. Vers midi, Léon XIII fait son entrée sur la *Sedia* mais en simple appareil, et, je le remarque pour la première fois, sans crosse (1).

Il s'assied lentement et écoute l'adresse que lui lit le commandeur Alliata, président général de la *Sociéta della Gioventu cattolica Italiana* :

Très Saint Père,

Vous voyez prosternés aux pieds de Votre Sainteté la jeunesse Catholique, réunie de presque tous les pays de l'Univers chrétien. Il y a ici des représentants de diverses nations éloignées les unes des autres ;

---

(1) Voici l'explication de ce détail : on raconte que saint Pierre ayant envoyé trois évangélistes chez les Saxons, l'un d'eux, saint Materne mourut à peine parvenu à Trèves. Ses deux compagnons désolés retournèrent alors à Rome pour y annoncer cette douloureuse nouvelle au chef de l'Église qui sécha leurs larmes et leur donna son bâton en leur recommandant d'en toucher le mort ; ce qu'il firent et, aussitôt, Materne fut rendu à la vie. C'est donc en souvenir de ce que le prince des Apôtres s'était ainsi privé de son bâton, que les papes ne portent la crosse que dans les cas extrêmement rares où ils vont à Trèves.

mais les mêmes pensées, le même amour unissent tous nos cœurs. La plupart d'entre nous appartiennent à des Associations Catholiques, instituées et organisées sous la conduite et le patronage des évêques. Ces Associations travaillent à la propagation de la foi chrétienne et à la défense de tous les intérêts religieux. C'est avec allégresse que nous avons entrepris ce pèlerinage à Rome : nous y venons d'abord pour contempler votre Sainteté et lui témoigner avec une solennité inaccoutumée notre amour et notre vénération; nous y venons aussi, pour recueillir de votre bouche les conseils de la sagesse et de la vérité, des exhortations, des enseignements que nous recevons, comme venus de Dieu lui-même.

Nous sommes particulièrement reconnaissants à Dieu, distributeur de tous les dons, qui, dans une époque si néfaste, dans ce déchaînement général de toutes les erreurs, alors que l'esprit des jeunes gens surtout est emporté dans ce tourbillon, nous a mis au cœur cette invincible détermination d'être fidèles au Pontife Romain, *lumière qui brille dans un lieu ténébreux*. Venus au tombeau de l'angélique Louis de Gonzague, pour vénérer ses cendres virginales à l'occasion du troisième centenaire de sa mort, nous avons supplié ce patron, ce modèle offert à la jeunesse par les Pontifes Romains, de garder en nous, d'augmenter notre dévouement au successeur de saint Pierre, sans que jamais cette noble et généreuse résolution ne soit trahie par aucune défaillance, tel est notre désir, telle est notre promesse : tant qu'il restera en nous un souffle de vie, jamais nous n'abandonnerons la cause de Votre Sainteté, et aussi longtemps que les efforts et les perfidies d'adversaires criminels attaqueront le Pontife Romain, nous consacrerons toutes nos forces à la défense du Saint-Siège. Dieu veuille déjouer les plans et les tentatives impies, ramener le calme dans une Société bouleversée, et consoler Votre Sainteté par le spectacle d'une pacification générale, que vos lettres Apostoliques ont appris à préparer.

Que maintenant Votre Sainteté veuille nous accorder sa bénédiction, qui sera un gage des faveurs célestes, et nous donnera plus de vaillance au service de la religion chrétienne et du Pontife Romain. Cette bénédiction, nous la demandons pour toutes les Associations Catholiques, afin que partout la foi règne dans les cœurs, la piété dans la conduite. Nous vous supplions enfin de vouloir bien étendre votre bénédiction à toutes nos familles, auxquelles, après notre retour, nous n'aurons rien de meilleur à dire que ces paroles : Léon XIII, que Dieu garde, a entendu comme un père très aimant les prières que nous lui avons adressées pour vous.

La réponse du Saint-Père, en latin, est lue par Mgr Volpini. Nous la traduisons :

Chers Fils,

Votre présence si agréable pour Nous et cette piété pleine de juvénile ardeur que Nous voyons briller jusque sur vos traits comblent la joie que, ces jours derniers, Nous a procurée à plusieurs reprises, la vue de tous ceux qui, en si grand nombre, sont venus en pèlerinage vers Nous. — Toujours, en effet, Nous avons été porté à consacrer à la jeunesse Notre affection, à mettre en elle Notre bonheur. Aussi pendant toute Notre vie, aux divers degrés des fonctions qui Nous ont échu, avons-Nous toujours voulu et procuré avec un soin particulier que de la salutaire vertu de la religion fussent pénétrés à temps et profondément imbus ceux qui étaient élevés dans les collèges, dans les séminaires et les lycées. Il est donc tout naturel que Nous Nous réjouissions en ce jour, en voyant ici une si grande multitude de la jeunesse chrétienne qu'une même foi, une même piété a amenée à Rome de contrées si éloignées et si diverses, pour y vénérer les restes mortels de saint Louis de Gonzague et l'auguste Chaire de saint Pierre.

Si Nous en sommes vivement réjoui, ce n'est pas tant à cause de Nous que de vous-mêmes. Vous savez, en effet, vers quelle erreur est principalement portée notre époque : elle s'efforce de répudier tout enseignement de la sagesse chrétienne, par une pleine et perpétuelle séparation d'avec l'Église catholique. Et afin que cela se réalise, les fauteurs de ce dessein funeste poursuivent surtout et très perfidement la jeunesse par tous les moyens, notamment par cette perverse méthode de doctrine qu'ils proclament devoir être pleinement *laïque* et par laquelle ils étouffent tout germe de foi divine, dès qu'il commence à lever dans les cœurs. Ainsi ils forment une jeunesse non seulement pernicieuse pour l'État, mais vouée à devenir pour elle-même sa propre ruine. Oublieux, en effet, du salut éternel et entraînés dans l'erreur de leur destinée, n'envisageant que les choses mortelles et caduques, privés des secours que l'on ne peut attendre que de la religion, les jeunes gens devront forcément et inconsidérément s'adonner aux vices et tomber au pouvoir des sectes perverses. La vérité de ces choses est reconnue; ceux qui disent le contraire aboutiront peut-être à circonvenir par la flatterie la jeunesse, inexpérimentée, mais nullement à ébranler ce que la raison proclame et les faits confirment, à savoir qu'il n'est jamais possible, pas plus aux particuliers qu'aux familles et aux États, d'atteindre la prospérité et la grandeur, au mépris de Dieu.

Par contre, parmi les choses qui sont honnêtement désirées et qui répondent à l'utilité privée et publique, en est-il quelqu'une à laquelle grâce à la religion et à l'Église, il ne soit permis d'aspirer? Certes la religion est aux jeunes esprits un guide excellent pour les diriger vers ce qui est vrai, honnête et beau; elle perfectionne et ennoblit les bonnes tendances du cœur; elle elle en réforme et corrige les mauvaises. Si les jeunes gens se consacrent à l'étude des sciences, l'Église favorise les progrès de toutes les sciences; s'ils cultivent la littérature, elle a toujours été la gardienne et la mère des belles-lettres; si c'est aux arts libéraux qu'ils se forment, c'est elle aussi qui, de son souffle, a poussé tous les arts au sommet de la perfection; s'ils sont dédiés aux affaires et aux transactions commerciales la religion leur ordonne d'observer strictement la justice et l'équité dans toute stipulation.

Que s'il vous plaît, chers fils, de contempler comme dans un miroir ce que peut la religion sur le jeune homme qui se laisse pleinement former par elle; considérez saint Louis de Gonzague. C'est, en effet, grâce à l'Église et par l'œuvre de la religion, qu'il lui fut donné, au milieu même de la corruption des mœurs, de rester intègre, au point qu'il sembla plutôt un ange qu'un homme. La religion aussi a fait que, au milieu des richesses et des distractions de la maison paternelle, il excellât dans les vertus les plus austères, comme dans une sainte retraite; que, foulant aux pieds toutes les choses humaines, il fût amené par la grâce de Dieu, à abdiquer le droit héréditaire du principat; que, sur la limite de sa vingt-quatrième année il devînt un modele de charité et de perfection religieuse; enfin, il atteignît un si haut degré de gloire céleste que la pieuse vierge Madeleine de Pazzi, honneur de sa race, crut à peine qu'il y en eût l'égale au ciel. Nous prions Dieu ardemment qu'il conserve en vous jusqu'à la fin, chers fils, cet esprit et ces dispositions, et Nous espérons, grâce à la bonté divine, qu'il en sera ainsi.

Au demeurant, avec l'Eglise est intimement uni le Pontife romain, car la véritable Église ne saurait être là où il n'est pas : *Ubi Petrus, ibi Ecclesia*. Il s'ensuit que le respect et l'amour pour l'Église ne peuvent être séparés du respect et l'amour envers le Pape. Or, à la suite de la tourmente de ces derniers temps, vous savez bien que la condition du Pontife romain est maintenant indigne et intolérable. Ceux qui disent qu'il est libre faussent le vrai concept de la liberté, car qu'est-ce que cette liberté qu'il dépend de l'arbitre d'autrui de donner et de retirer? Au milieu des menaçantes vicissitudes des affaires politiques, la faculté même d'accéder auprès de Nous peut-être entièrement supprimée, au gré de ceux qui commandent. Aussi avez-vous justement déclaré, tout à l'heure, que Nos droits vous sont à cœur : certes il sont très dignes de rallier le suffrage et la défense de votre part, ainsi que de celle de tous les bons.

Efforcez-vous donc de retirer comme fruit de votre pèlerinage que chacun vous adhère de plus en plus étroitement au Siège apostolique; faites en sorte, à votre retour de propager auprès d'un grand nombre, par votre exemple et votre œuvre, les mêmes sentiments de filiale piété; luttez d'un commun accord et par tous les moyens légitimes en faveur du pontificat romain, car c'est vraiment de cette cause que dépend en grande partie la marche prospère de l'Église, la sauvegarde de la religion et la tranquilité même du monde ébranlé. — Cependant comme gage des grâces célestes et en témoignage de Notre paternelle bienveillance, Nous accordons affectueusement dans le Seigneur la bénédiction apostolique à vous, à vos familles et à toutes vos associations.

Après la lecture de ces deux discours, les membres du comité et les notables du pèlerinage sont invités à s'approcher du trône pontifical. Rafinaud qui a continué à exciter la curiosité des Romains de l'assistance et a reçu d'eux force cartes de visites chargées de titres pompeux, prétend, pour achever son rôle, usurper une part de cette invitation. Mais pendant qu'il traverse le rang des gardes, le pape remonte sur la *Sedia* et regagne l'intérieur du Vatican.

— Quel est ce prince, questionne-t-on encore autour de l'impassible mystificateur?

Et une voix d'opiner : — Ce n'est pas un prince c'est un jeune homme décoré.

— Grand, très grand honneur d'être décoré à cet âge, prononce un vénérable vieillard.

Un étudiant hardi, *sfacciato*, tout rose et presque imberbe, veut enfin trancher l'énigme. Abordant Evariste :

— Je suis, dit-il avec volubilité, M. Poci, publiciste assez célèbre et de qui votre Excellence, sans nul doute, n'ignore pas le nom... J'aime beaucoup la France... Je présume que vous êtes français?

— Oui... en effet... oui, bredouille Evariste un peu interloqué cette fois.

— Eh! bien, reprend, de la même haleine rapide, le *signor* Poci, je me mets à votre entière disposition pour le reste de votre séjour à Rome. Je serais trop honoré que votre Illustrissime Seigneurie acceptât mes faibles services!..... Votre Excellence est revêtue des insignes d'une haute décoration?

Rafinaud s'empourpre mais réplique d'un accent raffermi :

— Oui, monsieur, c'est celle d'une société parisienne à laquelle j'appartiens.

— Et sur ce, l'officieux Poci s'éloigne et transmet à la ronde le résultat de l'interview : « Certainement c'est un prince et le directeur de la principale *Associazione* de Paris. »

Puis, la trompette de la Renommée amplifiant ses sons progressivement, avant la fin de la journée, *il Principe*, notre ami, tenait la tête de l'aristocratie française.

A la porte de la chapelle Sixtine, nous retrouvons le guide de l'agence, et le groupe Laurati l'entoure, y compris, mais à quelque distance et suivie de l'escorte d'honneur que nous lui formons, l'Excellence improvisée. Au sacramentel avertissement : « Voyez, messieurs, les plus belles peintures murales du monde! » nous faisons docilement écho : « C'est admirable! » Et cependant, quelques fâcheux d'objecter avec timidité que les personnages sont un peu trop court vêtus et les fresques un peu trop noires!

De la Sixtine, nous passons aux chambres de Raphaël, en traversant celle de l'Immaculée Conception où l'on nous arrête vingt minutes à considérer les fresques modernes, tandis qu'on ne nous laisse jeter qu'un regard furtif sur l'Incendie du Borgo et sur la Dispute du Saint-Sacrement. Je reconnais, parmi les spectateurs, les deux judicieux critiques d'art que j'ai rencontrés la veille aux *Prati-di-Castello*. Ils paraissent effarés.

— Voici, leur dis-je, le vrai moment d'analyser la manière Italienne.

— Oui, cher artiste, en ce cas indiquez-nous donc, s'il vous plaît, les *stanze* de Raphaël ?

— Les *stanze* ?... Vous y êtes.

— Ah !...

Nous nous engageons ensuite dans l'interminable enfilade des musées, mais si hâtive est notre inspection que tout se confond dans notre tête surmenée et que nous ne pouvons plus qu'apercevoir sans distinguer.

Deux heures, est-ce suffisant pour visiter ces merveilles accumulées dans les musées du Vatican et le Vatican lui-même qui compte trois cents cours et douze cents escaliers ! D'ailleurs, l'*illustrissimo* Rafinaud nous donne de telles distractions que Raphaël et

Michel-Ange en sont presqu'oubliés. Les gardiens lui prodiguent toujours leurs saluts, lui ouvrent les portes à deux battants, repoussent et bousculent les pèlerins du commun, pour lui frayer la voie.

Aussi, au moment de prendre congé de sa gloire éphémère, dépose-t-il royalement cent sous, sur notre prudent avis, dans la main du valet cérémonieux auquel il avait commis la *custodia* de son manteau; et sa sortie est plus brillante encore que n'avait été son entrée.

Le Romain nous réservait une surprise

pour la soirée : celle de nous présenter à *Monsignor Paolo Fortini*, très connu à Rome par ses sympathies pour la France et son assiduité auprès de notre colonie.

C'est *via Vicenza* n° 35, la porte à gauche. Frappez, déclinez votre nationalité et vous serez accueillis à bras ouverts. Nous grimpons l'étroit escalier, à la file indienne, et nous sonnons. Une voix cassée nous crie : « *Chi è ?* » Un petit grillage s'entrouve, qui nous montre le bout du nez effrité d'une vieille servante. Nous répondons : « *Amici* ». Les verroux grincent, les chaînes sont tirées et nous sommes introduits au salon. Bientôt apparaît le maître de céans. Le Romain nous nomme ; Monseigneur Fortini nous embrasse cordialement sur les deux joues, nous fait servir un délicieux Moka, et la causerie commence, franche et gaie. Nous discourons d'abondance des choses de France et d'Italie, et notre hôte nous confirme dans cette constatation, familière à tout français qui a habité Rome : c'est que, de ce côté des monts, on est, quoi que l'on en dise, très au courant de nos affaires et que, maintenant comme jadis, nous y sommes le principal objet soit de la haine soit de l'amour.

Médecin et phrénologue des plus distingués, *Monsignor Paolo* multiplie, selon notre désir, sur l'examen de nos traits, les descriptions de nos caractères respectifs et les pronostics remplis de vraisemblance : Clément manifeste une vocation décisive pour le sabre et le canon ; il sera général au moins. Halgan, beau parleur, né diplomate et grand harmoniste, désaccordera les nations et les pianos. Le Romain promènera sa rotondité sénatoriale de l'obélisque de Louqsor à l'Arc de l'Etoile. Rafinaud incarne le double enthousiasme de la Justice et de la Poésie; il mourra grand sauveur de veuves et d'or-

phelins, non sans avoir, entre-temps, vécu *ses songes* de douceur et de joie et apprivoisé sur terre quelques-uns des oiseaux bleus de sa riante imagination. Quant à moi, j'aime un peu les arts et les lettres, mais beaucoup bon souper, bon gite et le reste. Ma vie « sérieuse » commencera par une sottise qui sera de faire un livre et finira par une moralité : j'enterrerai tous mes camarades.

En nous quittant, l'excellent prélat nous embrasse encore et nous glisse ce paternel conseil : « Lorsque vous serez près de vous marier, mes chers amis, envoyez-moi votre photographie et celle de votre future. Je regarderai l'une et l'autre, un instant, et par le retour du courier je vous dirai si le bonheur vous attend en ménage ! »

XX

LA MESSE DES ADIEUX

LA CHAPELLE DE S{{te}}-PÉTRONILLE A S{{t}}-PIERRE

SEULE de toutes les nations, la France a le privilège de posséder une chapelle dans Saint-Pierre : c'est celle de sainte Pétronille. Au matin du jour du départ, S. E. le Card. Langénieux y célébra la *messe des adieux* et, dans une brève allocution, nous retraça l'historique des circonstances par lesquelles notre patrie obtint cette faveur de la Papauté.

C'était en 756 : les Lombards dévastaient

le Latium et menaçaient Rome. Pépin, appelé par le pape Etienne II, préparait la défense de la ville, et, n'osant s'en approcher encore, les bandes ennemis se bornaient à ravager la campagne environnante où les catacombes étaient particulièrement en butte à leurs sacrilèges déprédations. Le Souverain-Pontife et tout le peuple fidèle tremblaient sur le sort de plusieurs insignes reliques et principalement sur celui du corps de la vierge Pétronille, la première fille spirituelle de saint Pierre. Ce corps reposait, depuis le premier siècle de l'ère chrétienne, dans la catacombe de Nérée et Aquilée située sur la voie Ardéatine, mais personne n'osait se hasarder hors des murailles pour aller l'y chercher. Alors Pépin s'offrit à tenter cette difficile entreprise et la mena à bonne fin. Il enleva les saintes dépouilles, au milieu de la nuit, et les porta dans la Ville Eternelle où elles furent solennellement transférées à Saint-Pierre (1). Ce fut à cette occasion que le pape

---

(1) La basilique de Nérée et Aquilée fut abandonnée peu après la translation du corps de sainte Pétronille à

Etienne II salua la France du titre de fille aînée de l'église, la comparant à cette première née en grâce et fidèle servante du Prince des Apôtres. Puis, le Souverain-Pontife, pour sceller cette auguste dénomination baptismale de la France en tant que nation et

---

Saint-Pierre. L'exhaussement du terrain finit par l'ensevelir et, à partir de la Renaissance, on en avait oublié jusqu'à l'emplacement, lorsque, de nos jours, il y a trente ans à peine, Mgr de Mérode et M. de Rossi réussirent à la découvrir. L'ensemble en était en parfait état de conservation. Les colonnes se dressaient encore pour la plupart ainsi que la chaire papale du haut de laquelle St Grégoire le Grand prononça ses célèbres homélies. Le maître autel ne s'était même pas affaissé. Dans le fond de l'abside, une ouverture béante fut reconnue pour le lieu d'où le corps de sainte Pétronille avait été retiré par le chef des Francs, ce qui confirmait pleinement l'authenticité de sa translation à Saint-Pierre. La catacombe attenant à la basilique est une des moins détériorées de Rome et l'une des plus précieuse pour l'hagiographie. Outre des inscriptions d'un très haut intérêt, on y a retrouvé, presqu'intactes des fresques qui, à elles seules, démontrent irréfutablement que l'Eglise catholique est restée identique à elle-même. Auprès de l'une des entrées de la catacombe, on voit la salle entourée de bancs de briques où les premiers chrétiens se réunissaient pour les agapes après les cérémonies.

pour y ajouter un signe sensible, accorda à celle-ci la propriété du tombeau de la Sainte dont elle avait sauvé les reliques par le bras de son roi. Trois ans après, Paul Ier baptisait, dans cette chapelle, la princesse Gisèle, fille de Pépin et, plus tard, Carloman, frère de Charlemagne, y recevait aussi le baptême des mains d'Adrien Ier. Sans doute, ces glorieux souvenirs sont presqu'effacés aujourd'hui, mais la tradition extérieure au moins s'en est maintenue dans les formes de notre diplomatie. Car, maintenant encore, dès que notre ambassadeur auprès du Saint-Siége a remis au pape ses lettres de créances, il se rend du Vatican à Saint-Pierre où il entre solennellement en possession de l'autel de Sainte Pétronille. M. Lefébvre de Behaine a récemment accompli cette cérémonie.

Lors du dernier pèlerinage ouvrier, il y a trois ans, Son Éminence le Cardinal Langénieux obtint de faire placer à côté de l'autel une inscription commémorative composée par M. de Rossi et dont voici la traduction :

Paul Ier, souverain Pontife, déférant au désir de

Pépin, a placé dans le Vatican le corps de la vierge Pétronille à qui l'antiquité a donné le beau nom de l'apôtre saint Pierre, après l'avoir retiré de son tombeau primitif, et lui a élevé un mausolée, le huit des ides d'octobre, l'an 757 de l'ère chrétienne; ce sera un monument éternel du dévouement de cette très noble nation pour le siège apostolique (1).

Léon XIII, Souverain Pontife, accueillant avec un cœur paternel les ouvriers français venus au tombeau des Apôtres, sous la conduite de Benoît-Marie Langénieux, cardinal-prêtre, archevêque de Reims, au mois d'octobre, pour restaurer une dévotion ancienne de cette très noble nation, a ordonné et décrété qu'une lampe, don des ouvriers français, veillerait toujours devant le tombeau de Pétronille, implorant sans cesse le secours de cette céleste patronne pour le salut de la France.

Notre souvenir ainsi ravivé de ce beau chapitre du livre d'or des « Gesta Dei per Fran-

---

(1) Il ne faut pas déduire de cette rédaction que la translation du corps de sainte Pétronille n'ait eu lieu que sous le pontificat de Paul Ier. Ce pape, sur la demande du roi de France de retour dans ses états, fit seulement enfermer en grande pompe, selon le récit de Paul le Diacre, les reliques de la Sainte dans une châsse d'or envoyée de l'abbaye de Saint-Germain-des-Prés.

cos », nous nous éloignons de Saint-Pierre à pas lents sous le poids de cette joie et de cet orgueil du passé renouvelés dans nos âmes et sous celui de l'amer regret d'arracher nos regards pour longtemps, pour jamais, songent plusieurs d'entre nous, du visible tabernacle de tant d'invisibles splendeurs du règne humain de Dieu. . . . .

. . . .

Mais, nous dira-t-on, tout à Rome n'avait donc pas cessé de vous être à souhait, tout semblait vous y crier « Vive la France ! » et cependant, vous touchiez à l'heure du départ !

Patience, ami lecteur, les jours se suivent et ne se ressemblent pas : tournez la page.

XXI

A BAS LA FRANCE !

LE COLISÉE EST IMPRENABLE.
PREMIÈRE ALARME. — TOUS EN PRISON.
A LA RECHERCHE DE LA MANIFESTATION.
UN SUPPLÉMENT EXTRAORDINAIRE.

IL était une heure de l'après-midi; je m'occupais au Colisée à saisir rapidement un aspect pittoresque de l'arène, lorsqu'un gardien à la mine rébarbative accourt, suivi de loin d'un second puis d'un troisième, et me demande brusquement : « Il biglietto ? »

Etonné, je lui offre ma carte de visite qui ne lui plaît pas, sans doute, car il m'adresse aussitôt cette complimenteuse invitation :

« Se nè vada via », autrement dit: allez-vous en. Et comme je sollicite des explications dans des lambeaux d'italien presqu'élégant, l'irascible rustre, sans m'écouter, m'arrache ma toile d'un geste brutal en ajoutant séchement : « E prohibito di riprodure il Colosseo. » J'ai su depuis qu'il est en effet prohibé de reproduire au pinceau ou au crayon, sans autorisation préalable, le Colisée et généralement tous les monuments de Rome.

Je me lève donc, déconcerté et à contrecœur, lorsqu'à cet instant, j'aperçois le groupe Laurati débouchant à grand bruit de l'arc de Titus avec le guide. Il sortait apparemment du palais des Césars.

— Ah! te voilà, disent mes camarades, nous étions inquiets sur ton sort... Ne t'est-il pas survenu d'accident?... Apportes-tu des nouvelles?...

Et les interrogations de se succéder, sans que j'aie le temps d'y répondre.

— Mais qu'y a-t-il donc, m'écrié-je, dans un court intervalle de silence enfin, je n'ai vu que trois gardiens dont l'un m'a fait mauvais visage et m'a chassé du Colisée !

— Eh! bien, reprennent mes interlocuteurs parlant tous à la fois, il paraît que Rome est en révolution. Nous souhaitions de l'imprévu, en voici : les pèlerins sont insultés, plusieurs ont été arrêtés et conduits à la Questure.

Réverdy nous a quittés à l'Ara-Cœli pour courir au musée de Saint-Jean-de-Latran où les membres du comité assistent à une conférence de M. de Rossi. On nous ordonne de rentrer à nos hôtels. C'est très grave!

Et le groupe en chœur : « C'est très grave ! »

Le guide essaie de nous rassurer. Il affirme qu'il ne se peut que les romains se soient départis, quel qu'ait été l'événement, de leurs habitudes d'urbanité envers les étrangers.....

— Mais il faut se soumettre, coûte que coûte, à la consigne. Je suis furieux. J'ai tant de choses à voir encore, et d'abord la Révolution.

Il signor Laurati, visiblement ému, sur le seuil de sa porte, nous tend une lettre.

— Voyez, nous dit-il ce que j'ai reçu.

Cette lettre est du directeur du Pèlerinage qui nous apprend que le *Questeur*, le préfet de police de Rome, nous enjoint de rester prisonniers dans nos hôtels jusqu'au départ.

Cependant, tout semble calme encore dans les rues et aux environs de la place *Magna-Napoli.*

Les passants nous montrent leur visage ordinaire, les tramways circulent. Je consume une heure d'attente dans ma chambre, puis, impuissant à résister à ma curiosité, et me fiant au Romain pour me tirer, au besoin, d'occurrence fâcheuse, je m'esquive avec lui par une porte dérobée. Nous nous mettons résolument, tous deux, en quête de la révolution, laissant nos camarades discuter avec chaleur les nouvelles qui leur parviennent, de temps en temps, écourtées ou grossies.

La place de Venise est animée. Les crieurs de journaux sont entourés et allégés en un clin d'œil. Des badauds agités s'amassent autour d'énormes affiches collées au mur. Nous nous approchons et le Romain lit (1) :

BULLETIN EXTRAORDINAIRE

Les pèlerins français qui ont insulté la tombe de Victor-Emmanuel

Aujourd'hui, à midi, un événement qui va troubler la conscience de tout italien, a eu pour théâtre le Panthéon. Un pèlerin dont on ignore pour le moment le nom et la nationalité.....

— Pourquoi donc, interrompis-je naïvement, a-t-on imprimé et ces braillards clament-ils : « Pèlerins français ? »

---

(1) C'est grâce au journal des intérêts catholiques à Rome, *la Vera Roma*, que j'ai pu retrouver le texte exact de ce manifeste.

… entra dans le temple et, s'étant avancé jusqu'à la table où est placé le régistre des visiteurs du Père de la Patrie, il traça ces mots :

Vive le Pape-Roi!
Mort à Humbert!
A bas Victor-Emmanuel!

Et au bout de deux épaisses colonnes que je ne m'amuse pas à transcrire, ce bulletin vraiment *extraordinaire* conclut en ces termes :

Le pèlerin coupable a été contraint de se mettre à genoux et de crier : Vive l'Italie! Vive le Roi!

ROME OCT. 1891 — IMP. C. VERDESI.

Le Romain plonge ses yeux dans les miens.

— Oui, c'est très grave, me dit-il, allons-nous-en.

— Mais achetons donc un journal et lisons un récit plus détaillé. Il y a sûrement de l'exagération dans cette affiche.

C'est le *Rugantino* qui nous tombe aux mains. Voici le récit de cette feuille *libérale*. J'en respecte scrupuleusement le style douteux et l'emphrase grotesque.

ROME 2 OCTOBRE 1891. — 5 CENT.
SUPPLÉMENT EXTRAORDINAIRE
AU N° 388 DU JOURNAL

RUGANTINO

LA TOMBE DE VICTOR-EMMANUEL PROFANÉE PAR LES PÈLERINS FRANÇAIS

Romains !

Votre tolérance continuelle à l'égard des Pèlerins français et non-français, et la sotte indulgence de notre gouvernement n'ont fait qu'enhardir les réactionnaires ultramontains. Excès suprême ! ils insultent aujourd'hui le sentiment patriotique de l'Italie.

Nous rapportons plus loin les détails de cet infâme attentat, de ce viol flagrant de l'hospitalité, de cette injure atroce, jetée à la face de tout un peuple; et nous la dénonçons au monde civilisé !

Mais nous ne saurions nous abstenir de faire d'abord la remarque que voici : la prompte répression dont ces outrages ont été l'objet de la part du peuple romain, le châtiment qu'il leur a justement infligé sont la preuve indéniable de Rome italienne et des sentiments vraiment unitaires de son peuple magnanime que les cléricaux ne cessent de proclamer esclave de la tyrannie libérale, et fidèle au pape.

Nous ne dirons qu'un mot au vieux pontife qui a voulu rendre sinistres les derniers jours de sa carrière mortelle par une offense sanglante à la patrie toujours trop prodigue pour lui de ménagements. En conspirant avec l'étranger pour recouvrer son royaume, il s'est perdu dans l'opinion publique; en faisant insulter par ses prosélytes la tombe de Victor-Emmanuel, il a mérité le mépris général et il périra sous le coup de ce mépris.

Maintenant, quant à ce qui concerne la nation, nous affirmons à ces bandes *sans-fédistes* que l'Italie entend rester à Rome et que comme l'a dit son grand roi : « *Nous y sommes et nous y resterons* ». Le jour où sa capitale se trouverait sérieusement menacée, des cimes les plus ardues des Alpes jusqu'aux plages extrêmes de la Sicile, tout citoyen viendrait lui faire un rempart de sa poitrine, et alors... alors gare à qui le tour !

LA PROVOCATION

Vers le 20 septembre, et comme pour manifester contre la délivrance de Rome, quelques milliers de français vinrent en notre ville sous le prétexte d'un pèlerinage aux pieds du pontife Léon XIII.

La provocation était évidente : cependant la population romaine qui, de tous temps, a laissé voir un grand sens politique, a voulu démontrer cette fois comment à Rome, depuis 1870, la liberté régnait en souveraine sur tous, amis ou ennemis.

Et les pèlerins parcoururent Rome en tous sens, attifés d'écharpes et de brassards aux couleurs voyantes, de croix et de cocardes, sans qu'une parole mal sonnante leur fut jamais adressée.

Dans le Vatican où, plusieurs fois et par groupes, les pèlerins furent admis en présence du Pape, on leur a laissé le champ libre pour crier autant qu'ils l'ont voulu : *Vive le Pape-Roi! Vive la Rome du Pape!* et les italiens présents, pour éviter de douloureux incidents, ne leur répondaient même pas comme ils auraient dû le faire. Dans les cérémonies de Saint-Pierre, jamais le cri de *Vive le Pape-Roi!* ne partait des italiens.

C'étaient les français seuls, jeunes gens imberbes et séminaristes, qui proféraient de semblables clameurs en s'émerveillant de ce que les italiens présents, pèlerins comme eux, mais retenus par un certain sentiment de pudeur, se contentassent de crier : Vive le Pape! Vive Léon XIII !

AU PANTHÉON

Dans la matinée, la tombe de Victor-Emmanuel fut l'objet des démonstrations habituelles de la respectueuse affection du peuple. Le registre qui, comme chacun sait, est placé sur une table à gauche de la tombe du roi, est couvert de nombreuses signatures qui en témoignent surabondamment.

A midi, 10 ou 12 voitures de places s'arrêtèrent devant le Temple. Il en descendit une cinquantaine de pèlerins français, prêtres, séminaristes et laïques.

Ils étaient certainement en train de concerter entre eux quelque chose de louche, car avant d'entrer dans le temple, le capitaine de frégate *Cibrani Assuto* de Palerme, actuellement au ministère de la marine, les entendit dire : « *Entrons dans l'église et, en faisant semblant de signer, écrivons Vive le Pape!* »

Les pieux pèlerins entrèrent et vinrent alors se poster devant la tombe sacrée que chaque italien vénére entre toutes et, pendant que quelques-uns, en ricanant, regardaient les couronnes et lisaient les inscriptions des rubans, d'autres, se pressant autour du registre, permirent à plusieurs des leurs d'écrire : Vive le Pape!

Beaucoup écrivirent la même chose. Le dernier commença de tracer sans nul doute une invocation atroce dans le mot *mor* qui était la reproduction d'un cri que diverses personnes affirment avoir entendu proférer par un français : *morte al Re!*

Les autres pèlerins faisaient, au même moment, des gestes de mépris et crachaient vers la tombe.

A peine les deux vétérans de garde se furent-ils aperçus du scandale, qu'ils voulurent en informer immédiatement les autorités.

Le citoyen Maspes Francesco, secrétaire au ministère des Finances, courut sur la place et appela des sergents de ville et des carabiniers qui se présentèrent aussitôt.

Les deux premiers arrivés furent les nommés Bandieri Antonio et Collina Antonio.

Ils s'emparèrent des deux pèlerins les plus gravement compromis et les entraînèrent hors du temple. Pendant ce temps, un garde municipal en arrêtait un troisième.

LES FUREURS DU PEUPLE

La grave nouvelle se répandit sur la place du Panthéon, avant l'entrée même des agents de la force publique dans le temple. Des boutiques, des maisons et des rues voisines, on vit accourir une foule d'ouvriers, de ruraux et de citadins de toutes classes qui protestèrent hautement contre l'acte vil des prêtres français! Cette multitude heurta de front, devant la grille du Panthéon le groupe des pèlerins français qui, protestant, accompagnaient les arrêtés.

Alors, la colère populaire se défréna.

Les cris de Vive l'Italie! Vive le Roi! Vive Rome intangible! Vive la maison de Savoie! s'élevèrent continus et bruyants vers le ciel, tandis que la foule répondait à quelques clameurs contraires des pèlerins par, des coups de bâton, de pieds et de poings.

La leçon subie par les Français provocateurs était solennelle et méritée.

La manifestation continua ensuite, émouvante, du Panthéon à la Section de P. S. (1) de Via Monteroni où furent conduits deux des arrêtés.

Des groupes nombreux stationnèrent longtemps sous les fenêtres du cabinet de l'Inspecteur de P. S. jurant et sifflant, et crièrent plusieurs fois et unanimement : A bas la France! A bas le Vatican!

LE REGISTRE

Nous avons vu le régistre sur lequel ont osé écrire les pèlerins français. La première inscription de « Vive le Pape » est immédiatement sous celle d'Alphonse Cavalieri citadin, qui, quelque temps auparavant avait fait une visite révérencieuse à la tombe. Puis se lisent ces mots : « Pierre Chomat — France » et au-dessous un second « Vive le Pape! » que suit la signature Michel Treux (sic) et celle-ci, à son tour, est suivie d'un troi-

---

(1) Initiales de *Publica Sicureza,* Sûreté Publique.

sième « vive le Pape! » qui est manifestement de la même écriture que la signature. Sur la dernière ligne il apparaît évident qu'un pèlerin prétendait écrire la phrase « Mort au roi! » parce qu'on distingue tracée d'un caractère tremblant la syllabe « Mor ». Le régistre confisqué par les autorités, a été transporté à la section de P. S.

LES ARRÊTÉS

Les deux arrêtés détenus près de la section de P. S. de via Monteroni sont : Michel Dreuse (sic), âgé de 18 ans, élève au Séminaire de Séez (France); Maurice Eugène Grégoire, avocat de *Pont-Mandemer* (sic) (France). Quant à l'arrêté détenu près de la questure centrale dans la chambre n° 11, Eugène *Chozary* (sic) il est d'*Autun* (sic) (Saône, France) et exerce l'emploi de rédacteur au « Nouvelliste du Morvan ».

LES TÉMOIGNAGES

Ont été interrogés par l'Inspecteur de P. S. le capitaine de frégate Astuti Giovanni de Palerme lequel a déclaré avoir entendu les pèlerins comploter, avant leur entrée dans le temple, le dessein de flétrir le royal sépulcre.

L'avocat Giulio Terroni qui entendit des propos inconvenants et injurieux et vit cracher devant le tombeau.

M. Resio, timonier de première classe de la marine Royale qui distingua cette parole prononcée par un pèlerin se tournant vers les autres : « C'est ici qu'est la tombe du brigand. »

Le typographe Pedruzzi Gaëtano qui vit Dreuze (sic)

écrire « Vive le Pape! » et se livrer à des démonstrations indécentes.

LES MANIFESTATIONS

L'effervescence de la population est au comble. Aux autorités incombe le devoir d'agir d'urgence et sérieusement, si elles ne veulent pas que le peuple pourvoie lui-même à la défense de l'honneur national.

Il faut que l'indécision, la crainte et les demi-mesures du Gouvernement cessent pour jamais.

Dans la rue *del Seminario*, sur la place de la Rotonde, et sur la place de St-Ignace, s'est amassée une grande foule, et des démonstrations hostiles se sont improvisées sur le passage des bandes de pèlerins aux cris de : « A bas la France ! A bas le Vatican ! Vive le Roi ! Vive l'Italie ! » Dans la rue del Seminario, deux prêtres français ont été forcés de se réfugier au palais Serlupi.

D'autres manifestations ont eu lieu sur plusieurs points de la cité.

Une troupe considérable de citoyens s'est rendue, bannières déployées, devant les hôtels de Milan et de Rome, répétant les cris accoutumés.

Devant le premier, un délégué a du ceindre son écharpe et inviter à s'éloigner les manifestants qui voulaient s'introduire dans l'hôtel.

A la place Colonne, un séminariste Hongrois que l'on a cru être un prêtre français, a reçu des coups de poings et a été obligé de se mettre à l'abri dans la papeterie des frères Salaro.

La multitude s'est ensuite dirigée vers St-Ignace,

avec trois bannières, et accompagnée d'un noyau de carabiniers et d'agents de la Force Publique.

A la place Colonne encore, un omnibus chargé de prêtres et de pèlerins français a été assailli mais les agents ont réussi à maîtriser la juste colère populaire. Quatre arrestations ont été opérées mais nous espérons qu'elles n'ont pas été maintenues.

La plus grande fermentation règne dans la ville où partout flotte au vent le drapeau national.

Pietro SILVESTRI : *gérant responsable*.
Etablissement Typographique de l'Editeur Edouard Perino.

En effet, nous nous apercevons, pour la première fois, que le drapeau italien orne quelques fenêtres et nous rappelons alors que c'est aujourd'hui l'anniversaire du plébiscite. Mais nous nous refusons à croire la prolixe narration du *Rugantino*. Il nous semble impossible que des pèlerins français, et surtout des jeunes gens à qui l'on a si bien recommandé la prudence, se soient laissés entraîner à des étourderies qui expliqueraient jusqu'à un certain point, l'agitation publique.

Nous descendons le Corso. La place Colonne est noire de monde. Nous entendons les cris de « Mort aux prêtres! Mort aux Français! A bas les insulteurs! Vive Sedan! Vive

Garibaldi! Mort au Pape! A bas les Garanties!
A bas Dieu! »

Une forte cohue hérissée de bannières, armée de bâtons, accourt de notre côté. Un voyou porte au bout d'une sorte de pique un chapeau de prêtre et un mouchoir rouge.

A ce moment, un monsieur d'extérieur et d'allure très corrects, et la figure bouleversée, nous dit à mi-voix, en italien : « Si vous êtes français, retirez-vous, je vous en supplie!

— Comment, y aurait-il vraiment du danger?

— Oh! messieurs, on ne peut répondre de rien... Tous les pèlerins sont insultés et assommés. On vous reconnaîtrait. Fuyez! »

Nous obtempérons à ce sage avis. En réalité notre place n'est plus dans cette tourbe déchaînée. Le *Rugantino* à la main, (et sans doute ce nous est un passeport), nous traversons les rangs des vociférants et regagnons sans encombre l'hôtel Laurati.

Mais que s'était-il donc réellement passé? Nos camarades demeurés fidèles à leur claustration en savaient maintenant plus long que nous et nous firent des événements une narration détaillée.

16

XXII

LA VERITE
SUR L'INCIDENT DU PANTHEON

N groupe de pèlerins conduit par M. l'abbé Duvaltier et composé de jeunes gens et de quelques prêtres du diocèse d'Évreux, visitait le Panthéon. En arrivant devant le tombeau du roi Victor-Emmanuel, M. l'abbé Duvaltier, rappelant les pressantes instructions du Comité directeur, dit au groupe tout entier : « Voici la tombe de Victor-Emmanuel ! nous n'avons pas à nous y arrêter, passons ! » Et il se dirigea avec les jeunes gens vers la sortie. A cet instant, un des pèlerins se détacha, alla au tombeau et voyant l'album déposé auprès du grand autel pour recevoir les noms des visiteurs, pensa comme chacun eut pensé à sa place, que cet album ainsi que tous ceux de ce genre était à la disposition des curieux et que ceux-ci pouvaient y écrire avec leurs noms, une sentence, des vers, une citation ou une phrase d'impression personnelle suggérée par le lieu. Il écrivit donc « Vive le Pape ! » puis rejoignit ses compagnons et raconta ce qu'il venait de faire à quelques-uns parmi lesquels il y en eut deux qui, entraînés par cet exemple, rentrèrent dans l'intérieur du Panthéon et tracèrent sur l'album la même inscription. Le dernier, au moment de signer, commença les premières lettres d'un mot qu'on a voulu lire « *Morte al re!* », et qui étaient peut-être le début de la phrase « *Morte batte alla capanna des poveri et alle torre dei re*; la mort frappe à la cabane des pauvres comme au palais des rois » paisible réminiscence classique. Quoiqu'il en soit, sa main ne put rien ajouter aux trois lettres qu'il a plu aux intéressés d'interpréter dans un sens conforme au prétexte qu'ils cherchaient. Car aussitôt un officier de la marine italienne nommé Astuti qui, depuis l'entrée des pèlerins dans l'édifice, n'avait cessé de les épier, mêlé à une troupe de libéraux dont les regards exprimaient la malveillance la plus manifeste et de claires intentions de provocations méprisantes, s'avança vers le jeune homme et commença d'exciter un tumulte en requérant les carabiniers. Il avait entendu le propos adressé par l'auteur de la première inscription de « Vive le Pape » au groupe d'où il s'était un instant écarté et c'est sur ces simples paroles travesties par ses soins, qu'allaient être brodée toute la série de calomnies ultra-fantaisistes que l'on sait. Au bruit ainsi soulevé, l'abbé Duvaltier revint sur ses pas, suivi du groupe, pour en connaître la cause. En même temps arrivaient d'autres pèlerins tandis que les carabiniers accourus tombaient brutalement sur les victimes désignées par Astuti et, sans plus ample informé, mettaient en état d'arrestation l'une d'elles, M. Dreux, malgré les protestations unanimes et très explicites des pèlerins:

16.

— Que lui reprochez-vous, objectaient-ils?

— Il a écrit « Vive le Pape! »

— Mais ce n'est pas une insulte. Nous l'avons tous écrit aussi sur le registre de l'hôtel !

Le dialogue s'animait. C'est alors que M. Grégoire s'approcha de l'agent de police qui s'était saisi de M. Dreux et, essaya les voies de conciliation. Ses efforts étant restés vains, il se retirait quand il reçut à la tête un coup si violent qu'il poussa un cri et tomba à la renverse. Il était encore à terre que déjà on lui passait les menottes, et sur ces entrefaites, monsieur Choucary pendant qu'il parait un second coup destiné à M. Grégoire était arrêté violemment à son tour. Sur quoi, l'abbé

Duvaltier interrogea l'officier de marine, qui parlait un peu le français, au sujet des motifs allégués à l'appui de ces trois arrestations impromptu et insista pour que l'élargissement eut lieu sur le champ. Astuti répliqua d'un accent très calme que l'incident n'était rien, mais que les prisonniers ne pouvaient être rendus à la liberté au milieu de ce tumulte et il pria les français présents de quitter le Panthéon : ce qu'ils firent non sans essuyer de nouvelles agressions et des clameurs ignominieuses. Dès qu'ils eurent disparu, l'hypocrite auteur de toute cette méchante comédie, n'ayant plus autour de lui que des italiens, recruta séance tenante, de pseudo-témoins à charge et dit aux carabinieri : « Maintenez les arrestations. »

Durant ces préliminaires, les pèlerins qui sortaient subissaient force bourrades d'une foule rapidement grossissante, et les portes du Panthéon se fermaient derrière eux.

Détail décisif : c'est à la minute précise où Astuti entreprenait toute cette agitation dans l'église, que des coups de sifflets retentissaient sur la place du Panthéon et sur celle de la Minerve poussés par des gens évidemment apostés d'avance.

Revenons aux inscriptions.

La première eut pour auteur un prêtre d'Évreux âgé de 47 ans. C'est lui qui se sépara du groupe dirigé par l'abbé Duvaltier et transgressa les recommandations réitérées par ce dernier au pied du tombeau. Les deux autres furent l'œuvre de deux collégiens, deux enfants qui n'agirent absolument, je le répète, que d'après cet exemple, car ils étaient déjà hors du Panthéon lorsque ce prêtre leur ayant confié ce qu'il venait d'accomplir, ils furent dès lors persuadés qu'une telle initiative ne pouvait être dangereuse, et retournèrent auprès de l'album pour en faire autant. La vérité sur ce point n'avait pas été jusqu'ici livrée à la publicité afin d'éviter aux sectes antichrétiennes ce nouveau thème à outrages contre le clergé et l'Église. Les jeunes gens du pèlerinage ont préféré tout laisser peser sur leurs épaules. Aujourd'hui que ces raisons de discrétion et de charité ont cessé de militer en faveur de ce silence, je devais, de par ma qualité de narrateur fidèle, dévoiler la lumière à cet égard.

Ceci posé, je ne m'attarde pas, car ce serait insister sur une évidence, à remarquer que les démonstrations et les désordres qui suivirent la scène que je viens de relater, se seraient déployés de la même façon, si ce prétexte avait manqué. Il est hors de doute que toute cette indignation se réduisit à un grossier complot médité très à loisir afin de détourner de la profonde impression produite par les pèlerinages, l'esprit de la population Romaine et l'opinion publique en Europe.

Les mesures de prudence les plus minutieuses avaient été, au demeurant, prises par le Comité de l'Association Catholique de la Jeunesse Française et pour le choix des pèlerins, je l'ai démontré dans l'introduction de ce livre, et pour le maintien d'une exacte discipline durant le trajet.

Quant au séjour à Rome, une infinité de menus traits, répandus au cours de ce récit, prouvent surabondamment que rien n'y était laissé au hasard du caprice ni même à celui de l'inspiration particulière Nous étions soumis au Comité et aux chefs de groupes comme des soldats à leurs officiers ; et nous ne nous sommes pas départis une minute, de l'extrême circonspection que l'on nous avait enjointe. Aussi, n'est-il pas inutile de faire observer en outre au lecteur que les trois pèlerins auteurs des inscriptions du Panthéon ne dépendaient pas de l'Association.

Si légitime qu'ait été leur acte en soi, nul d'entre nous ne s'y serait livré, tant était complète notre volonté de pousser jusqu'à l'excès les précautions qui nous avaient été ordonnées.

Mais je reprends le récit de la *Manifestazione* et de ses principales phases.

Il convient d'abord de noter un aveu précieux. C'est un extrait de l'article que consacra, dès l'après-midi, à l'incident, *la Riforma*, organe peu suspect, dans la circonstance. Cette feuille, en dépit de la supposition gratuite par laquelle elle termine sa version ou à cause de cette supposition même, se décèle impuissante à travers son ton maussade à justifier matériellement aucune allégation contre les pèlerins signataires sinon que « certainement » le mot interrompu sous la plume du troisième : mor... signifiait une nouvelle insulte *qu'on voulait* écrire. Je laisse subsister dans cette citation les erreurs de noms :

« Nous avons vu le régistre sequestré par l'Autorité. Au-dessous de la signature d'Alphonse Cavalieri antérieure au pèlerinage, la première phrase écrite est « Vive le Pape ! » avec la signature de Pierre Chomat (France). Puis cette même phrase est écrite une seconde fois avec la signature « Michel Dreux », enfin une troisième inscription de « Vive le pape » est suivie de la syllabe Mor... qui est *certainement* le commencement d'une nouvelle insulte qu'on voulait écrire sur le régistre.

Tout aurait dû finir dès lors et les agents n'avaient plus qu'à conduire au poste les agresseurs des pèlerins innocents.

Au lieu de cela, on commençait, sur la place du Panthéon, à grossir et à dénaturer l'incident. Des gens qui avaient l'air de remplir une mission, récitaient comme une leçon apprise : « Les pèlerins français ont insulté la tombe du roi ! Ils ont dit : c'est la tombe d'un brigand. (Cette phrase plusieurs fois remaniée par la suite, à mesure que ses auteurs se multipliaient, figurait, sous cette première forme, dans les dépositions imaginaires recueillies par le bien nommé Astuti de la bouche des prétendus témoins qu'il avait racollés). Ils ont écrit : Bougre de Victor-Emmanuel... cochon ! » et mille autres insanités de ce genre. On excitait les esprits par ces mensonges et les pèlerins qui survenaient étaient entourés et frappés.

Mais le « soulèvement » (le mot est d'un journal) ne se limitait pas au Panthéon. Un mot d'ordre avait été donné dans les divers quartiers de la ville de la gare *de' Termini* au Transtévère. Les plus peureux parmi les habitants se hâtaient de mettre des drapeaux tricolores à leurs fenêtres, sur le passage d'une foule énorme qui criait : Vive la maison de Savoie ! vive l'Unité italienne! vive Humbert! vive Rome intangible ! On entendait aussi crier avec insistance : A bas le Vatican! à bas les Français ! à bas les provocateurs ! L'exaltation monte promptement au paroxysme. Une multitude compacte se masse devant les bureaux de l'*Observatore Romano* où il n'y a, en ce moment, que les ouvriers compositeurs qui quittent et ferment derrière eux l'imprimerie. Une autre bande s'agglomère autour de l'église Saint-Ignace où était annoncé pour l'après-midi un salut solennel (1).

Un troisième « bataillon sacré » se rend aux divers hôtels où logent les pèlerins et contraint les propriétaires à en pavoiser les façades aux couleurs piémontaises. Puis, c'est de bureaux en bureaux des journaux libéraux, une cohue d'où sortent, en feu de file, les clameurs imbéciles dans le goût de celles-ci: à bas Rome! vive Giordano Bruno! mort au Pape!

De tous côtés les « faits divers » se succèdent. J'en ai mentionné quelques-uns déjà; j'indique maintenant les plus notables. Près de l'hôtel de Milan, la foule tente de rompre le cordon d'agents qui en défend l'accès et n'est pas loin d'y réussir lorsque le délégué

(1) Le salut eut lieu devant deux cents jeunes gens environ qui, arrivés avant le tumulte, fermèrent les portes de l'Église aux premiers cris.

de service se ceint de son écharpe et ordonne de sonner la trompe : les furieux se dispersent. La police instruite qu'un train de pèlerins doit arriver à 3 heures 30, téléphone à la gare pour que l'on y organise un service de sûreté. Déjà les premiers de ces nouveaux venus sont installés dans les omnibus des hôtels, mais les précautions peuvent être prises à temps. J'ai rappelé que l'omnibus de l'hôtel de Milan fut arrêté place Colonna. Partout ailleurs les voitures qui portent des « *pèlegrini* » où qui seulement sont suspectes d'en porter, sont ouvertes et envahies, et tous ceux de nos compatriotes qui refusent de crier : Vive le Roi ! sont atrocement frappés. Il en résulte un sérieux conflit durant lequel le drapeau des manifestants est lacéré après que la pointe de la hampe a blessé un des pèlerins.

La force publique survient au pas de course. On sonne la trompe et quelques arrestations sont opérées. Un prêtre français qui refuse d'ôter de sa boutonnière, sur les injonctions d'énergumènes, la cocarde du pèlerinage, est sur le point, malgré les carabiniers, d'être assassiné sur place, quand il s'exécute enfin. A la place Colonna derechef, quelques jeunes gens entourent un pèlerin :

— Criez vive l'Italie!

— Non.

— Criez vive le Roi !

— Non. Sur quoi, ils lui assènent de violents coups de bâtons.

Dans la rue Mortara, s'était garée une voiture où se trouvaient deux pèlerins. En un clin d'œil elle est pressée d'un millier de personnes hurlantes. Mais les portières sont hermétiquement et solidement closes; et le cocher, se frayant à grands coups de fouet un passage à travers les assaillants, réussit à s'enfuir au galop.

Sur la place contiguë à cette rue, on brûle des exemplaires du journal *La Squilla*.

Les péripéties vont *crescendo*. Au milieu de cette confusion, un carabinier perd son révolver. Les prêtres s'enfuient, poursuivis de sifflets et de crachats. Les voitures passent à fond de train.

Et pendant ce temps, les conseillers municipaux et provinciaux et quelques « notables » se transportent le plus gravement possible au Panthéon d'où, on ne l'a pas oublié, le fameux registre a été retiré. Ils inscrivent leurs noms sur des feuilles volantes qui sont aussitôt couvertes de signatures et réunies en un volume.

Tous les journaux sont enlevés en un instant et multiplient leurs éditions. La police a envoyé quelques agents à *l'Osservatore Romano* qui ne paraît pas ce soir là. Le député Imbriani harangue la foule au Panthéon.

La *Réforma* annonce qu'un train de pèlerins a été arrêté à Civita-Vecchia ; (la nouvelle était fausse).

La première alerte passée, une commission composée des représentants des divers pèlerinages se rend au ministère de l'Intérieur et déclare que les outrages contre lesquels les manifestants protestent ne sont que pures imaginations. Mais l'«élan» est donné; rien ne le peut plus rompre.

A 10 h. la place Colonna qui, dès le début, on l'a remarqué, a été choisie pour le centre du tapage, regorge de monde. De nombreuses escouades d'agents y ont été apostées et les troupes sont consignées dans leurs quartiers. Quelques jeunes gens se détachent du gros des braillards et poussent leur petite pointe... de civisme pour leur compte. Ils dressent un chapeau de prêtre dérisoirement maculé au bout d'une pique puis déchirent des portraits du pape...

Mais chut ! Le député Sbarbaro harangue l'immense foule. Il se déchaîne contre le Vatican et loue Crispi qui en a déjoué les trames. Ses auditeurs, enthousiastes, l'acclament et le conduisent jusqu'à son logis, rue des *Crociferi* au son de la Marche Royale et de l'Hymne de Garibaldi ! Là, il reprend la parole : « Les barbares, dit-il prétentieusement, ont insulté en Italie même, les cendres du Père de la Patrie ! Nous acceptons le défi ! De ce moment la guerre commence entre les consciences et le fantoche du Vatican qui s'interpose entre elles et Dieu !. »

Rue des *Coronari*, un individu à mine patibulaire qui porte une bannière à la tête d'un groupe, brise avec un bâton la lampe qui brûle devant une image de la Madone. A la place *Santa Chiara*, un autre groupe s'arrête, pour siffler, devant le Séminaire français et un jeune homme cherche à arracher les armoiries du Cardinal-Vicaire suspendues au dessus de la porte. Un agent de la sûreté saisit le jeune homme que ses camarades essaient de lui arracher des mains mais sans y réussir, car de nouveaux agents interviennent. L'un des défenseurs du captif nommé *Gloriani* reçoit un coup de pied au ventre et on le transporte sur le champ à l'hôpital de la Consolation.

En maint endroit et particulièrement, à la porte de l'Eglise de l'Ange gardien où l'on célèbre la fête du jour, des images saintes sont déchirées et foulées aux pieds. Place d'Espagne, à la librairie Spithoëver, on couvre de crachats les portraits du pape exposés à la vitrine. A l'hôtel de la Poste, toutes les vitres volent en éclats. A la place Scossacavalli, on affiche des manifestes écrits à la main et débordants d'injures contre les pèlerins, et on répand de petits papiers sur lesquels sont tracés les mots de « Roma Intangibilé ». Sur la place Farnèse, un « quidam » exhibe un drapeau rouge avec l'épigraphe « Viva la Revoluzione! »

A la place Colonna toujours, le professeur Sbarbaro tente de parler de nouveau, mais il est, cette fois, bruyamment sifflé et s'éloigne en toute hâte au milieu de cris ironiques que domine celui-ci « Allez écrire : *La Pensée de Léon XIII!* » (titre d'une brochure publiée par ce très illusionné républicain sur la Conciliation de l'Église et de l'État ! La Conciliation, nous sommes !!!

Au Palais Ferraioli où quelques pèlerins se sont réfugiés c'est un véritable assaut. Au Campo de Fiori la statue de Giordano Bruno est fêtée avec fracas.

Un peu plus tard le président de la Société des *Reduci* convoque les membres à une réunion qui aura lieu le lendemain sous la présidence de Menotti Garibaldi. Je regrette que le défaut d'espace m'empêche de citer tout au long ce manifeste lyrique. Bref! « La patrie est en danger ! » et c'est nous les barbares. Le « tumultus contra Gallos » a été notifié ; il n'y manque que les toges des consuls en émoi.

A 11 h. une nouvelle troupe de *zélanti* formée de plus de deux milles personnes portant des torches vient prendre la musique de la place Colonna et s'en fait précéder. La marche royale retentit et avec elle éclate les cris de « A bas la France ! vive le roi ! vive la maison de Savoie ! à bas le Pape ! vive Giordanno Bruno ! » Et les « néo-légionnaires » de descendre le Corso Victor-Emmanuel et de s'avancer vers les ponts dans la direction du Vatican. Un cordon de soldats s'oppose à ce qu'ils aillent au-delà, et ils reviennent alors sur la place Colonna d'où la musique se retire. Puis ils ne tardent pas à se disséminer non sans avoir au préalable sifflé et vociféré de nouveau aux portes de l'hôtel de Milan.

Outre cette démonstration qui est la principale et que les meneurs intitulent « le résumé politique de la journée », beaucoup d'autres d'un caractère plus fantaisiste ont été organisées dans les divers quartiers de la ville. L'une d'elle se rend au palais Farnèse, demeure de l'ambassadeur de France près le Quirinal ; après sommation et coups de trompe, elle se disperse aussi. Il en est de même de celle du Borgo qui est disloquée par la force armée avant d'être arrivée à la place St-Pierre qui est occupée militairement.

A la place de Venise, des rixes graves, à en croire la *Tribuna*, ont été réprimées avec peine. Près de Saint-Ignace, un beau spectacle de courage chrétien est donné par monsieur l'abbé Prost, curé de Parcey du Jura. Ce vénérable prêtre trouvant fermées les portes de cette église, s'agenouille sur les degrés, fait une prière et se relève fièrement sous les huées des brutes amassées autour de lui.

Cette fastidieuse liste de gamineries terminée, car je ne veux pas la grossir démesurément d'une infinité de menus faits analogues que la presse a publiés, je ne m'attarderai pas à compiler les innombrables articles de journaux, brochures, factums de toute sortes que le « grrrand événement » du Panthéon a suscités. Ce me serait besogne absolument vaine. Personne n'ignore à présent comment ce sont dégonflés les uns après les autres les ballons de mensonges où les journalistes Italiens et autres ont soufflé de toutes leurs joues deux jours durant. Il n'y a pas un de mes lecteurs sous les yeux de qui n'aient passé les flots d'encre répandus au sujet de nos humbles personnes. Je m'abstiens d'y ajouter la moindre goutte quant au fond des choses désor-

mais évident, non plus que sur les particularités de la relaxation des trois pèlerins arrêtés. Michel Dreux, le seul de ceux-ci soupçonné d'avoir été l'un des auteurs des inscriptions (et cela à tort, il n'y était pour rien) fut, on se le rappelle, remis tardivement en liberté, sur un décret du ministre de l'intérieur concluant au néant de preuves. Mais un détail inconnu jusqu'ici et que je certifie authentique c'est qu'au commencement des troubles, le roi Humbert ayant reçu à Palerme, où il était, depuis quelques jours, une adresse du Conseil Municipal rédigée en des termes dont sa bonne foi ne pouvait qu'être surprise, y répondit, de premier mouvement, par un télégramme tel que, s'il eut été affiché, la populace y aurait trouvé couverture aux pires excès. Aussi le Syndic de Rome prit-il sur lui de substituer à ce télégramme quelques lignes très anodines où sa Majesté se bornait à remercier les Romains des témoignages de leur affection. Peu après, se répandait la nouvelle que les pélerins qui n'étaient pas encore partis de France y resteraient et dès lors les feuilles libérales exultaient : leur but était atteint, elles le proclamaient sans vergogne.

Et maintenant ma conclusion sera mon commencement. J'ai affirmé dès l'abord que, si l'incident du Panthéon ne s'était pas produit, les sectes qui avaient préparé de longue main les manifestations non seulement à Rome mais dans plusieurs autres villes de la Péninsule auraient suscité une occasion qu'elle qu'elle fut. Je le prouve :

Dès leur arrivée en effet, les pèlerins constituaient par leur seule présence une cause de rage visible pour les anticléricaux qui, pressés de commencer la réalisation de leur complot, ne se donnèrent même pas la peine d'en attendre le signal. Le Dimanche précédent, par exemple, un prêtre avait reçu d'un charretier un coup de fouet dans l'œil et avait été suivi, quelques instants, de son agresseur qui criait : « C'est un Jésuite ! » Le lendemain, sur la place de la *Chiesa Nuova*, une troupe de polissons avait lancé des pierres à des pèlerins qui entraient dans l'église, et comme les passants indignés les admonestaient, ces parfaits *citadini* en herbe avaient répondu : « Vous vous êtes divertis quand vous étiez jeune, laissez-nous nous divertir à notre tour ». En outre, depuis plusieurs jours, les libéraux très connus, parmi lesquels des personnages politiques, parcou-

raient la ville disant d'un air presque dévot :
« Voyez ! les Jésuites assassinent maintenant
le pape d'une nouvelle manière par tous ces pélerinages qui le fatiguent et le révolutionnent ! » C'est pourquoi, en plusieurs villes de
l'Italie, notamment à Florence et à Livourne, les « irredenti » se mettaient à l'œuvre,
dés le lundi, pour délivrer le pape des Jésuites.

Enfin, tous les pèlerins savent que plus
d'une feuille zélée pour le « bien public »,
dans sa précipitation à dénoncer à la vengeance nos attentats, faillit les raconter
avant que nous les eussions commis; et,
au moins, est-il avéré que l'un de mes amis
lisait quatre colonnes très serrées d'un récit
fabuleux dix minutes après qu'Astuti eut
jeté l'alarme. De quels rédacteurs et de quels
compositeurs électriques ne jouit pas ce
journal!

Au demeurant, je semblerais confier en
grand mystère au lecteur le secret de Polichinelle en lui révélant que depuis que l'ère
révolutionnaire domine à Rome, que le règne
de la canaille y a été pleinement inauguré,

les pèlerinages y sont mal supportés. A ces tourbes mendiantes qui vivent de l'argent des étrangers que ces pieuses solennités amènent dans leurs murs mais auxquelles il faut aussi et plus encore la morsure des mains qui les nourissent, le S. P. Q. R., nouveau style, fournit docilement, à intervalles réguliers quelques tranches de cléricalisme à dévorer, et la tranche française est particulièrement goûtée de ces bouches omnivores et omnisonores qui s'épuiseraient en « Vive le Pape! » d'une sincérité admirablement feinte, pour peu que le vent tournât... Et il tournera, j'en ai la ferme confiance en dépit de la lâcheté, de l'abdication générale des consciences et la Raison, selon le propos de Louis Veuillot, finira par avoir raison !

En attendant, nous nous réjouissons d'avoir été, quoiqu'indignes, une nouvelle et vive preuve que l'office providentiel de notre nation a survécu à l'apostasie publique où l'a réduite la Révolution, puisque l'impiété italienne n'a pu maudire en nous les chrétiens qu'en maudissant les français.

Ce récit terminé et ces pensées échangées,

nous nous occupons à introduire plus ou moins délicatement en nos valises les innombrables *ricordi* récoltés dans nos promenades et à *jouir*, de temps à autre, par l'entrebaillement des fenêtres, d'un aperçu furtif des bandes bouffonnes qui s'égosillent, à la porte, et, pour s'apprêter la main, cassent les carreaux. Tout pèlerin retardataire est assailli de bordées d'injures et souillé de crachats, sans préjudice des pierres et des bâtons qui s'abattent sur lui. La lente démarche de Pousse-Pousse le prédestinait à ce sort. Tombé dans un « gros » de criards, il leur fait face, son chapeau d'une main et son sac à innocentes malices de l'autre, et, se redressant dans sa courte taille, il leur jette ces simples mots d'un ton d'écrasant dédain : « Cela vient de trop bas pour que l'on y réponde! » Quel dommage que les insulteurs n'aient pas compris ce fier propos!

La cloche du repas retentit et ce n'est pas en

vain. L'appréhension, prétend-on, coupe l'appétit. La jeunesse invincible de nos estomacs dément ce dicton inventé par les victimes de la dyspepsie, et nos fourchettes font merveille. On nous avait priés de ne causer qu'à *mezzo-teno*, afin de ne pas attirer l'attention au dehors.

Aussi nous racontons-nous, d'abord à mi-voix, nos aventures, puis le

<blockquote>Vin au plus muet *fournissant* des paroles,</blockquote>

les conversations s'échauffent et s'égaient, quoique plusieurs parmi nous soient tout juste résuscités de leur quasi-mort; assommés littéralement, ils ont été rapportés aux bras des *carabinieri*, après une halte dans des pharmacies. D'aucuns, plus chanceux, se sont tirés d'affaire en parlant très opportunément anglais ou allemand.

Au dessert, nos sergents, qui nous avaient promis de nous édifier par leur éloquence, s'exécutent, et nous décernons la palme à Réverdy qui boit à l'union de nos cœurs que les épreuves subies en commun et celles qui

nous menacent ont resserrée et ressereront de plus en plus. L'«orator mellifluus», très applaudi, conclut son toast en nous révélant que le Comité ignore quand et comment s'accomplira le retour : « Point de sollicitudes exagérées, néanmoins, ajoute-t-il. Étendez-vous sur vos lits, pour vous remettre sur pied, au premier appel ».

Les garçons, encouragés dans leur espérance d'un honnête pourboire par la bonne humeur qui circule autour de la table, présentent à chacun de nous, pour achever de nous rasséréner, un bouquet aux couleurs rouge, blanche et verte, celles de la Sœur Ennemie ! Nous retenons de ce maladroit cadeau la naïve intention qui le leur a suggéré et la récompensons non sans munificence, ce qui leur fait un bel *écot*... de la générosité française. Il *signor* Laurati, mandé par acclamation pour partager avec ses hôtes le coup

 de l'étrier, reçoit, à son tour, par l'organe du Romain, nos remercîments pour ses excellents offices et ses excellentes épices. Après quoi, nous nous séparons et nous évertuons à dormir.

A deux heures du matin, nos arrêts forcés sont levés. L'on nous met en voitures sans bruit par petits groupes. Les journaux ont mentionné « les fortes escortes qui ont protégé notre fuite ». Pas un soldat à pied ou à cheval ne nous accompagnait; quelques voitures ont été même attaquées dans un obscur carrefour propice aux guet-à-pens et plus d'un chapeau et d'une valise s'y sont égarés des mains de leur propriétaire en d'autres mains. Dans le dernier véhicule où je prends place avec mes sergents, monte toutefois un commissaire de police; mais il est en bourgeois et ne porte pour tout insigne qu'une cravate rouge.

Sur la place *de' Termini* une trentaine de déguenillés agitent un drapeau en loques et nous poursuivent d'ironiques souhaits de bon voyage et de mille imprécations.

XXIII

LE RETOUR

IMPRESSIONS DIVERSES. — PISE.
LE TRAIN EST ASSAILLI. — LA LIGURIE.
PRÉPARATIFS DE COMBAT.
NOUS BRULONS GÊNES.

H bien! demandai-je, à la gare, à un voisin de hasard, que pensez-vous de Rome?

— Oh! rien de fameux, me fut-il répondu d'un accent désenchanté, c'est une ville qui manque de beaux magasins.

Mon interlocuteur incarnait évidemment le commerce et, dans le commerce, appris-je plus tard, la passementerie.

Je ne demeurai pas, par bonheur, sous le coup de cet aveu d'incurable prosaïsme, car presqu'aussitôt, un autre pèlerin à qui je répétai d'instinct ma question, ne fit pas difficulté de s'écrier dans un âpre roulement d'r.r.r. : « Oui, Rome, jolie cité qui donne une idée de Carcassonne! » Je me souvins alors que cet intraitable gascon, très avide de comparaisons, avait appelé Turin une copie de la Roche-sur-Yon... Il avait trop voyagé !

Installés vaille que vaille dans nos voitures, nous essayons en vain de réparer notre insomnie de la nuit. Et Rome s'évanouit fantastique, à nos yeux brouillés par la fatigue, Rome que nous quittons néanmoins à regret, en lui disant, dans notre meilleure espérance, non « adieu » mais « au revoir », car nous voulons oublier les polissonneries gallophobes qui ont tenté de nous y gâter la fin de notre rapide visite, et ne garder mémoire que des saines et vigoureuses émotions dont nos quatre journées dans « la Maison du Pape » ont été remplies. Notre poète rompt et interprête à moitié notre silence par ces quatre vers qu'Halgan, complaisant improvisateur, met aussitôt en musique :

Ecco Roma
l'Amor mio
Più tosto morire
Che di non piu riverderla.

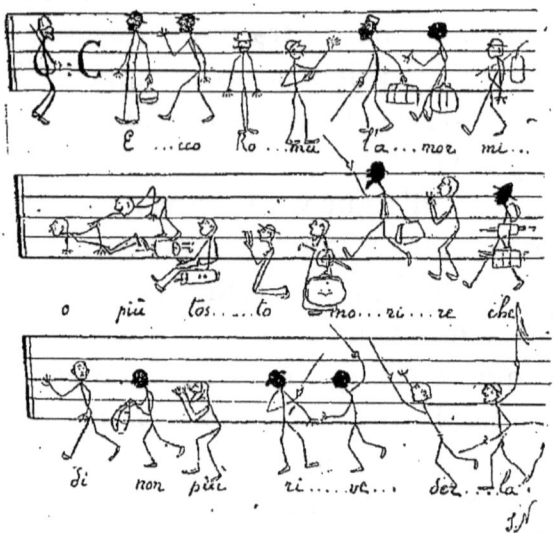

Au son de cette mélopée, nos paupières s'abaissent et je revois, en un commencement de rêve, notre triste caravane cheminant sous les huées et sous les coups.....

Je m'éveille en sursaut, la tête lourde, et

j'entends des éclats de rire dont je ne tarde pas à découvrir la cause. Pendant mon sommeil, mes camarades, pour tromper d'un incident gai le cours de leurs sombres réflexions, m'avaient attaché autour du front une magnifique paire de cornes, dépouilles majestueuses d'un bœuf du Latium, que j'avais achetées d'un marchand, au Corso, et rapportées fixées à la courroie de ma valise. Mais, au premier cahot, elles étaient retombées, pareilles à deux énormes tire-bouchons, sur chacune de mes oreilles, et je vous laisse à deviner quelle franche hilarité ce fut et comme je m'y mêlai.

Dès le petit jour, nous sommes accueillis, à toutes les stations, par une foule compacte qui hurle et siffle. Les gamins qui, quelques jours auparavant, s'époumonaient en « Vive la France ! » pour avoir un sou, nous prodiguent à présent, gratis, les « pieds de nez » et autres gestes de dérision plus significatifs.

En vérité, mes félicitations à la presse de la Péninsule. Elle est admirablement organisée, car, dans ces campagnes distantes de Rome de plus de quinze lieues et désertes d'ordinaire, les paysans ont été assez vite informés de « l'attentat français » de la veille pour qu'ils aient eu le temps de descendre de leurs bourgs et de nous devancer dans les gares où ils nous montrent le poing et nous jettent des mottes de terre.

A Pise, nous subissons une réelle émeute qui tourne à la déclaration de guerre. Le sang nous cuit aux veines! Il faut que les membres du Comité se fâchent presque pour nous dissuader de montrer la qualité de nos poings à cette canaille. Nous obéissons : *Dura lex, sed lex*. « Et dire que c'est la France qui a fait l'Unité Italienne! » Un des pèlerins ne peut retenir cette exclamation. A quoi l'un des

plus bruyants meneurs de ce supplément de « manifestazione » réplique, tout d'une haleine: «Ah! oui, vantez-vous en! Nous aurions vaincu seuls les Autrichiens. Votre armée n'a que gêné la nôtre et usurpé sa gloire!» Chose plus stupéfiante : l'énergumène paraît convaincu. *Passato il pericolo, gabbato il santo*; passé le péril, on raille le saint.

Revenons à nos moutons ou plutôt à nos *loups* de Pise. Le tumulte se corse. Mille à douze cents furieux, armés de gourdins, font la haie sur les quais et nous assourdissent des cris réitérés de « abasso la Francia! morte ai francesi! viva Sédan! lâches! cochons!» Ces deux derniers mots sont probablement toute leur science de notre langue. La police, comme toujours, brille par son absence... pardon, deux *carabinieri* qui se trouvent là, par hasard, nous dévisagent avec flegme et feignent de ne pas apercevoir une bande de jeunes patriotes qui arbore un drapeau et prétend nous forcer à saluer les couleurs italiennes. Nos dents se serrent et nos chapeaux aussi. Ces précoces citoyens escaladent alors le marche-pied et se disposent à nous frapper... C'en est trop. A cet instant précis, le chef de gare anticipe le signal du départ, et le train reprend sa marche lentement à travers la cohue qui obstrue la voie. Une grêle de pierres brise des vitres et sillonne les wagons. Des révolvers sont même déchargés sur les derniers; plusieurs de nos amis ont soigneusement gardé les balles. Métaphores à part, il est certain que si nous étions restés à Pise cinq minutes encore, nous n'aurions plus eu, toutes autres considérations cessant, qu'à compter sur notre courage et, Pousse-Pousse à notre tête, qu'à offrir au monde, à nos frais, une modeste réédition de de la Retraite des Dix mille. Un cri de *Partenza*! prodigieusement bien inspiré nous a sauvés, à point nommé.

En sortant de Pise, nous franchissons l'Arno et maint torrent descendu des Apennins, et nous filons, à toute vapeur, vers les blanches montagnes de Carrare et vers la Ligurie que nous contemplerons, cette fois, au grand jour. Les stations sont encombrées de blocs de marbre et les moindres villages hérissés de statues. A la Spezzia qui jaillit

subitement à notre vue du fond d'un splendide golfe couvert de troismats et de vaisseaux de guerre, nous nous attendions aux avanies accoutumées. On nous avait représenté les populations Liguriennes comme particulièrement animées contre la France et contre le Pape. En dépit de ces pronostics, le calme plat règne à la gare. Un cordon de troupes en défend, nous affirme-t-on, les entrées. Ce qui prouve que si le Gouvernement avait voulu supprimer le tapage à Rome et à Pise, il l'aurait pu.

Un simulacre d'arrêt, et nous pénétrons dans ce « Paradis terreste » de l'Occident chanté par les Dante, les Petrarque et les Tasse. Ai-je besoin de rappeler qu'ici comme partout, la voie ferrée, dédaigneuse de la poésie, mutile sans pitié le pittoresque. En plein diorama, elle nous en cache brusquement les aspects déroulés, en nous plongeant dans une tranchée ou en nous abîmant dans un tunnel. Cette mauvaise plaisanterie nous énerve de minute en minute, de la Spezzia à Gênes. Et cependant, malgré ces brutales transitions, ces alternatives de nuits subites, et de subits paysages ensoleillés ont leur attrait. Nous perdons plus ou moins la suite

18.

de la perspective, mais quelle revanche pour nos regards, lorsque la vision à peine entr'aperçue nous est tout-à-coup restituée, et quelle série de « raccords » délicieux et improvistes ! Notre plaisir se nuance et s'aiguise de fantasmagorie : c'est une exquise cueillette que nous faisons de la fleur des beautés de cette nature contrastée. Parfois, on dirait que les rails baignent dans la mer, puis traversent une crique, puis encore gravissent un viaduc. A demi affaissés sur nos coussins, pour prolonger et augmenter l'illusion, il nous semble, en élevant nos yeux alternativement vers l'une et vers l'autre portière, tantôt que nous courons sur la crête même des vagues azurées, tantôt que nous planons au-dessus de la Méditerranée qui paraît se retirer et s'absorber dans un invisible gouffre. Et enfin, au soir, les vallées se déploient de nouveau, parsemées de bouquets d'orangers et d'oliviers dont le feuillage tranche le bleu des flots. Une gentille villa rose aux volets vert-tendre achève ce tableau. Au large, des tartanes et de petites voiles latines s'empourprent au soleil couchant, et des villages d'apparence mau-

Les rochers de Ligurie

resque, juchés en nids d'aigles sur un rocher aigü, dominent là plage où se penchent les barques et se débrouillent les filets.

Nous approchons de Gênes où nous pressentons une réception conforme aux honneurs dus à notre rang. L'aimable président de l'Association parcourt les compartiments, nous prêchant patience et patience, prudence et prudence plus que jamais : « Nous n'avons savouré jusqu'ici, dit-il, que les moindres colères Italiennes. Les Génois vont nous en offrir la lie. Ils sont très excités. La police nous a prévenus qu'elle ne nous garantissait pas l'inviolabilité et qu'il y aurait certainement des blessés. »

Néanmoins, nous ne nous inquiéterions pas outre-mesure de ces prévisions presque funèbres, si le Romain, pour couper court à notre insouciance un peu affectée, ne les aggravait comme à plaisir : « Les Génois, assure-t-il, sont remarquables par leur tempérament brouillon et par leur méchant caractère; c'est justement qu'il a été dit d'eux :

Mare senza pesce, montagne senz'alberi,
Homini senza fede, e donne senza vergogna;

mer sans poissons, montagnes sans arbres, hommes sans foi, femmes sans pudeur. Le moindre propos, le moindre haut-le-corps amènerait une bataille. En rentrant en France, notre train ne sera peut-être plus qu'un train d'ambulance, un enterrement ! » Nous sommes blêmes !

Nous n'avons pas secoué la première impression de ces paroles pessimistes, quand Lugagne s'écrie : « Gênes, voici Gênes ! Nous passons sous les remparts ! » Branle-bas ! Nous nous fortifions tant bien que mal sous les ordres de Clément que le péril pressant et notre unanime élection sacrent généralissime, et dont les facultés stratégiques s'exaltent au niveau de ce merveilleux avancement. Les couvertures et les manteaux sont appliqués aux fenêtres, les valises redressées sur les banquettes et devant les portières. Nous entortillons des vêtements autour de nos bras, en façon de boucliers, et nous entassons à portée des projectiles variés : croûtes de pain, reliefs de toutes sortes et *fiaschi* vides. A défaut de canon, nous nous fions aux sacs de papier qui ont contenu nos dîners en paquets

et qui, gonflés d'air, feront, en éclatant, un bruit capable de mettre en fuite maint héros éprouvé parmi nos agresseurs. Notre défense ainsi réglée, nous nous accroupissons, les yeux et les oreilles au guêt, prêts à bondir. A l'heure critique, l'abbé Montlezun récitera la prière des agonisants.

Rafinaud et le Romain atteignent au sublime dans leur posture de guerre. Leurs revolvers au poing, ils entourent l'impérator improvisé qui brandit, en guise de bâton de commandement, un roseau cueilli à *Cecina*, et moi, j'ajoute à cet attirail formidable... mes cornes, oui mes cornes, naguère objet de railleries et désormais objet d'envie. Ce sont de terribles armes, et qui sait si, déjà, elles n'ont pas fait leurs preuves quand elles appartenaient... à l'autre animal ! J'y enfonce mes bras jusqu'aux coudes et je les dresse menaçantes à l'extérieur :

Dente lupus, cornu taurus petit.

Mais nous avons cédé à une fausse alerte. Nous roulons encore en rase campagne.

Lugagne a confondu avec Gênes un village jadis fortifié ou, plus vraisemblablement, un faubourg éloigné; car c'est le spectacle le plus frappant, aux abords de la vieille cité, que celui de ses « rallonges » interminables sur la rive dentelée du golfe. Reployée dans le sens de sa largeur par le rempart escarpé des Apennins, elle s'est effilée sur une étendue de plusieurs kilomètres; et il n'y a pas certainement une seconde ville qui projette une telle banlieue côtière, formée de gros bourgs industriels que compose un alignement unique de maisons, de fabriques, de chantiers où l'on construit dix et quinze navires ensemble. Rien ne rompt la continuité de ces quais très vivants. Leurs tronçons s'emboîtent obstinément par dessus les ravins, les lits des torrents et les éperons rocheux des promontoires. Albaro, Sturla, Quinto, Nervi sont reliés ainsi et apparaissent au premier coup-d'œil comme le fin laminage d'une seule agglomération primitive.

Ce décor nous distrait de notre vigilance; on oublie le mot d'ordre, la conversation se rallume, et Rafinaud, redouble ses habituelles joyeusetés. Il parvient à nous dérider tout-à-fait et à nous convaincre que nous triompherons de la racaille, voire ferons des prisonniers. Oui c'est cela, nous ramènerons à Paris un otage; nous l'exhiberons sous la rubrique « variété de patriotisme italianissime », et nous le tiendrons pour responsable du traitement de nos frères iniquement incarcérés à Rome. Sans désemparer, nous rassemblons des courroies pour ligotter l'intéressant échantillon de gallophobie, des mouchoirs pour le baillonner, et... Lugagne, derechef, interrompt notre brouhaha. D'une voix sépulcrale, il nous relance sa traduction libre de l'*Ave Cæsar, morituri te salutant* : « Gênes, voici Gênes, nous passons sous les remparts ! » Le *dæmonium belli* nous « rempoigne », nous « rebraquons » nos fusils divers aux meurtrières, non... aux portières, et nous nous engloutissons dans un tunnel au bout duquel c'est décidément Gênes que nous verrons, déclare cette fois le Romain. Or, rendus à la lumière, nous ne voyons toujours que les champs qui verdoient, la ligne qui poudroie et le soleil qui s'abaisse dans les flots. Nous ouvrons les glaces pour humer encore le paysage, et nous les allions refermer lorsque, d'un mot de Clément, une discusion s'élève sur ce grave chapitre de la technique des combats en chemin de fer : « Vaut-il mieux résister aux assauts, à face découverte, ou retranchés derrière le fragile écran vitré? »

L'affirmative et la négative sont plaidées par des orateurs également brillants.

Réverdy opine que, dans le second cas, les éclats de verre nous endommageront.

« Mais, répond Halgan, n'est-il pas plus équitable et salutaire que ce soient les Italiens qui cassent les vitres puisque ce sont eux qui les payeront? » On rit et, pour contenter tous les avis, l'on décide que l'on ouvrira... et fermera aussi dès lors les glaces à moitié.

In medio stat virtus.

Cette importante délibération close, le train stoppe, évolue au milieu d'une grosse fumée, râle des « hou! hou! » cuivrés, et nous n'avançons plus. Dans le lointain, des cris et des sifflets... Affollante anxiété! Faisons-nous enfin notre entrée en gare? Nenni, nous repartons, prompts comme l'éclair; nous sommes volés : on nous a escamoté Gênes... et en route pour la frontière! Franchement, c'est une déconvenue! Nous étions si bien outillés pour un siège qui eut été mémorable!

Après avoir pesté en conscience, on se tait et, de dépit, chacun s'endort dans son coin.

XXIV

VIVE LA FRANCE!

SAUVÉS. — CONSOLATION MUSICALE INVOLONTAIRE. — LUTTE POUR LA VIE. PARIS! — MOT DE LA FIN.

Vive la France! Ce cri retentit dans tous les wagons, et, frileusement blôttie au fond de la vallée, Modane nous réapparaît, brillante des reflets neigeux des Alpes, aux clairs rayons d'un doux soleil. Je n'essaie pas d'exprimer la joie qui nous inonde. Le voyageur poursuivi par les loups dans les steppes de Russie, ne ressent pas plus de bien-être, lorsqu'il arrive enfin dans un village.

Au moment où le sifflet de la machine nous

annonce la gare, notre allégresse déborde en mille signes. Nous nous pressons aux portières, nos têtes s'agitent, nos mouchoirs se déploient, et nous saluons bruyament les premiers paysans que nous apercevons.

Le train s'arrête et avec lui nos épanchements. « Pas un mot, ont insisté nos directeurs, évitons les complications diplomatiques possibles. »

Fidèles donc jusqu'à la fin à cette étroite discipline, nous descendons, silencieux et impassibles, devant le personnel Italien qui nous jette des regards sarcastiques et affecte des poses de fiers-à-bras plus justifiées encore que nous ne le savions. Selon une dépêche, en effet, que nous communique le chef de gare, les Turinois, une heure seulement après notre passage dans leur ville, ont envahi et arraché les rails, dans l'espoir de nous massacrer à leur aise.

Le R. P. Tournade nous attendait à Modane. Sa figure bouleversée trahit ses inquiétudes. Nous lui serrons prestement la main. Il est heureux de nous revoir sains et saufs, et nous le sommes de retrouver dans le bon Père le premier messager par lequel la France catholique nous souhaite la bienvenue et nous envoie des paroles consolantes. Il se remettra à notre tête jusqu'à Paris, car M. l'abbé Boullet est rappelé à Rome par le cardinal Langénieux, pour l'aider au milieu des difficultés croissantes qui, depuis l'incident du Panthéon, n'ont pas cessé d'entraver les autres pèlerinages.

Nous assiégeons ensuite les bureaux du télégraphe. Nous devons rassurer sans retard nos parents alarmés par les articles fantaisistes des journaux et, en considération de ce devoir, on nous épargne presque toutes formalités de douane. Nous sommes dispensés de traîner dans la salle des visites nos valises très alourdies; ce sont les douaniers français qui vont eux-mêmes de wagons en en wagons, inspectant bénignement nos bagages. Mais cette économie de temps nous charme moins d'autre part : à jeun depuis la veille, nous ne pouvons effleurer le buffet que du regard.

Ce sacrifice accompli de bonne grâce, nous filons d'un trait jusqu'à Chambéry, au grand désespoir des Alpinistes, nombreux parmi nous, qui avaient juré de revenir à Paris les mains pleines d'edelweiss, les poches bourrées de morceaux de cristal de roche, et que couvre de honte la pensée de rapporter leurs *alpenstocks* vierges d'inscriptions.

Dans la cour de la caserne des chasseurs Alpins, une escouade de bleus fait l'exercice. Evariste, palpitant à ce spectacle, d'un fraternel amour, bat des mains et crie à pleins poumons : « Vivent les bleus ! vive l'armée française ! » et nous répétons avec élan ces acclamations. On nous répond, par des hourras !

A notre entrée en gare, nous entendons les sons d'une marche enlevante. C'est un orphéon, drapeau au vent, qui nous vient saluer au passage, au moins, nous l'imaginons tous, tant est vif notre besoin de croire à une

réparation des insultes dont les oreilles nous

teintent encore. Nous courons au drapeau et réclamons la Marseillaise; l'air ne fait pas la chanson. Les musiciens abasourdis ne comprennent rien à notre enthousiasme. Ils sont tout simplement venus accueillir quelqu'*Yves Guyot* en circulation, dont le train suit le nôtre. Les employés, furieux de ce tintamarre, nous bousculent et hâtent notre départ. Nous avons toutefois le temps d'acheter des journaux de Paris qui commentent à notre égard, au hasard de leur caprice, les mensonges et les bribes de vérité transmis par les agences.

Depuis Aix-les-Bains et le lac du Bourget, une lumière unie et calme, comme à l'aller, nous enveloppe jusqu'à Mâcon dont le nom retentit joyeusement à nos oreilles car c'est à Mâcon que nous attend un repas chaud. Aussi quelles ne sont pas notre stupéfaction et notre déception, lorsqu'on nous déclare qu'ici, derechef, l'arrêt ne sera que de cinq minutes. Le Père Tournade et les agents de la *Société des Voyages Economiques* combinent leurs efforts, pour obtenir, au moins, une prolongation de dix minutes, nécessaire à l'embarquement des vivres. Le chef de gare qui, lui, sortait, je présume, de table, demeure inflexible, prétextant un express, le même sans doute que celui de Bussoleno qui court encore.

Alors commence pour moi un réel raccourci de la lutte pour la vie. Je me résouds à sacrifier le fond de ma bourse très allégée, on le devine, par huit jours d'achats classiques en Italie et, puisqu'on m'abandonne à mon initiative, à prendre d'assaut les buffets.

L'obstacle est que ce dessein a germé dans 600 têtes en même temps que dans la mienne. Dans toutes les petites gares où nous mettons pied à terre, ce sont bousculades effrénées autour des corbeilles et devant les buffets mêmes, et bientôt corbeilles et buffets sont vides. Malheur aux retardataires! Après le premier moment d'ahurissement, on profite de la circonstance pour nous écorcher vifs.

Tout cela nous excède. Le frêle Lugagne endure une fièvre violente et c'est à peine si, à force de frictions, nous le gardons de défaillir. Des pèlerins exaspérés attribuent notre commune infortune à nos directeurs qui en sont les premières victimes. Un monsieur très gras brandit un gâteau très sec et, le montrant avec une mine furibonde au Père Tournade :

— Çà, çà c'est votre faute enfin, c'est une volerie. Je n'ai jamais vu pareille organisation !...

— Monsieur, je regrette infiniment ces dépenses supplémentaires, réplique avec bonhomie le Père, mais je ne veux pas vous ruiner. Combien avez-vous payé ce gâteau ?

— Neuf sous !...

— Voici neuf sous.

Et le monsieur des premières de compter gravement la menue monnaie et de l'empocher sans vergogne...

Plus nous approchons de Paris et plus la curiosité s'aiguise sur notre passage. La masse du public commence à connaître notre mésaventure, et les reporters des feuilles locales nous bombardent d'interviews à l'électricité.

A la Roche, les hommes d'équipe ne craignent pas de nous demander des médailles pour leurs enfants, et de pieuses femmes, en écoutant nos récits, lèvent les yeux et les bras au ciel.

La nuit tombe. Nous brûlons les rails à toute vapeur. Déjà le phare de la Tour Eiffel nous atteint de ses larges jets rouges et verts alternés. Quelque mélancolie se glisse dans nos cœurs. La vie va disperser de nouveau huit amis dont les incidents et accidents de la route ont fortifié et ennobli la chrétienne intimité. Nous échangeons à voix un peu tremblantes des « adieu » et des « au revoir » lointains. Lugagne, dès qu'il aura triomphé de la fièvre, nous télégraphiera son bulletin de victoire; le Romain ne fera qu'un saut du train à la campagne où il se reposera de ses fatigues et de ses émotions; Dame Thémis ressaisira dans ses rêts Réverdy, Halgan et Rafinaud; Clément rentrera à Saint-Cyr; et moi, cher lecteur... mais que vous importe mon mince personnage! Je n'en ai que trop parlé.

Paris!

Une dernière étreinte... et nous nous séparons.

Et maintenant le mot de la fin.

Si quiconque a beaucoup vu peut avoir beaucoup retenu, nous avons recueilli de ce pèlerinage une riche moisson de durables enseignements, dont la meilleure gerbe est une conviction, affermie dans nos âmes où elle régnera, supérieure désormais à toutes les tristesses, celle du profond amour du Pape pour la France, la fille aînée de l'Eglise, encore et toujours et malgré tout !

EPILOGUE

Je manquerais à ma tâche de narrateur complet si, après avoir instruit le lecteur du détail des ignominies que notre foi et notre patriotisme ont subies, au terme de notre pacifique croisade, je lui laissais ignorer les témoignages de confraternelle solidarité que nous avons reçus, en dédommagement, de la Jeunesse Catholique Italienne, par les plumes de Monseigneur Giannuzzi et MM. Pierma et Alliata, ses chefs les plus autorisés. L'insulte dénoncée, je n'avais pas le droit de taire la réparation. La première principalement de ces trois lettres que je cite rendit aisé à nos cœurs le devoir du pardon. C'est une noble formule de l'indignation chrétienne, telle qu'elle sait encore se manifester, grâce à Dieu, par dessus toutes humaines frontières, dès que l'impiété cosmopolite attente à la dignité de l'Eglise universelle.

Rome 18 Octobre 1891.

Vous m'obligerez beaucoup si, sur le bulletin de 'Association, vous faites remarquer que vos jeunes gens français ont trouvé ici à Rome des amis italiens qui se sont occupés d'eux, malgré ces hommes qui ne méritent pas le nom d'italiens, car ils méprisent, ils oublient la plus grande gloire de leur pays, la Papauté!

Que la France sache cela; que vos amis, vos jeunes gens ne confondent pas nos noms avec ceux qui nous déshonorent; qu'ils sachent que, pour l'indépendance de la Papauté, pour la gloire de la religion de J.-C., nous crions avec eux : Vive le pape! Nous serons toujours avec eux, nous Italiens et catholiques, et nous sommes prêts à verser la dernière goutte de notre sang.

(Signé) : GIANNUZZI,
Directeur du Cercle de l'*Immacolata*.

Gioventù Cattolica italiana   Pisa, 20 Octobre 1891.

Circolo di Pisa

Monsieur le Président,

Pendant que nous nous souvenons avec joie du court séjour à Pise de nos bons chers frères de France, le matin du 27 Septembre passé, nous sommes en même temps affligés des outrages que vous y avez reçus, à votre retour de Rome, le 3 Octobre courant.

Les jeunes gens présents à la gare à votre départ, et moi-même, nous avons, gravés dans le fond du cœur, vos hourras de l'aller et le *Vive Pise Catholique!* si indignement récompensés.

ÉPILOGUE

Je vous prie, Monsieur le Président, de vous faire l'interprète, auprès de tous nos confrères de l'Association Catholique de la Jeunesse française, des sentiments de véritable amitié plus que fraternelle de la part des membres du Cercle de Pise de la Jeunesse Catholique Italienne qui, avec la vôtre, se trouve très affectueusement liée.

D'ailleurs, la plupart des personnes de cette ville ont désapprouvé les tristes événements de la gare assaillie par les anticléricaux, dont la plus grande partie n'appartient pas à Pise.

Agréez, Monsieur le Président, les plus affectueuses salutations du Cercle tout entier et de votre très affectionné en J.-C.

(Signé) : Louis PIERMA, Président.

Rome le 27 Octobre 1891.

. . . .

Vous et nos confrères de la Jeunesse Catholique française, pouvez être bien sûrs que nos cœurs frappent toujours à l'unisson des vôtres, et que les catholiques français, de même que les catholiques italiens, seront toujours amis, quoique les gouvernements et la politique s'efforcent de nous séparer. . . . . . .

(Signé) : G. ALLIATA,
Président général de la Jeunesse catholique Italienne.

A ces consolations le Souverain-Pontife ajouta la sienne qui fut un acte. Pour récompenser ses fidèles enfants insultés en haine de son nom, il les décora tous, dans la personne de M. de Roquefeuil, de la croix de chevalier de Saint-Grégoire.

Quant aux conséquences mêmes du pèlerinage, à peine ai-je besoin de rappeler qu'elles furent promptes et graves au-delà de toutes prévisions. Loin de s'en plaindre, notre jeune Association s'honore, comme de son entrée dans la vie militante, de cette épreuve d'où il a plu au Seigneur de faire naître l'occasion, pour le Catholicisme en France, de fières et mémorables confessions. Celle que l'archevêque d'Aix publia, à la face de la justice humaine sottement oublieuse et contemptrice de la justice divine, brille comme une éclaircie de pleine lumière, dans les ténèbres d'apostasies muettes et de scélératesses inconscientes où s'achève notre fin de siècle.

FIN

TABLE

Aux membres du *pèlerinage de la Jeunesse française à Rome* i

Introduction ix

                                                       Pages.

    I. — En voiture pour l'Italie ! 1
   II. — Ténèbres et lumières 13
  III. — Turin 29
  IV. — La mer 39
   V. — Pise 49
  VI. — Campagne de Pise et campagne de Rome. 63
 VII. — Rome la nuit 75
VIII. — Saint-Ignace et Saint-Pierre . . . 85
  IX. — Le Janicule 103
   X. — Le Transtévère 115
  XI. — Du Transtévère au Forum . . . 129
 XII. — Encore la Rome antique 145
XIII. — La réunion de Sainte-Marthe . . 157
XIV. — La messe du Pape a Saint-Pierre . 167
 XV. — De Saint-Pierre a Saint-Paul . . 197

XVI. — Causeries et Catacombes 191
XVII. — Columbarium et Colisée. 205
XVIII. — Les Églises. 219
XIX. — Gloire éphémère 239
XX. — La messe des adieux 257
XXI. — A bas la France! 263
XXII. — La vérité sur l'incident 279
XXIII. — Le retour. 309
XXIV. — Vive la France! 330
Épilogue. 339

N.B. — Nous avions résolu de publier la liste des membres du pèlerinage, mais plusieurs nous ayant manifesté le désir de n'y point voir figurer leurs noms, nous avons fait le sacrifice de cette liste qui ne pouvait avoir de prix qu'à condition d'être complète.

ERRATA

P. 15, l. 14 : qui se précipite au... *lire* : qui se hâte vers...
» 23 » 9 : nous précipitons hors..   » : nous sautons hors.
» 30 » 9 : nous attend très...   » : Nous accueille très.
» 49 » 4 : Nous nous précipitons,.   » : Nous nous pressons.
» 52 » 15 : arrivent...   » : s'assemblent...
» 56 » 12 : semble relire...   » : semble revivre...
» 129 » *titre* : Voix Sacrée...   » : Voie Sacrée
» 193 » 3 : au contrat...   » : au contact...

TÉQUI, LIBRAIRE-ÉDITEUR
85, rue de Rennes, 85

EXTRAIT DU CATALOGUE

Par Monts et par Vaux, par le R. P. Vaudon 1 vol. in-12, couverture parchemin, prix : **3** fr.

Le R. P. Jean Vaudon, vient de faire paraître un nouvel ouvrage intitulé *par Monts et par Vaux*. C'es le récit d'un voyage fait, avec un jeune et joyeux compagnon, aux tristes pays d'Alsace-Lorraine et dans quelques provinces d'Allemagne. Metz, Borny, Gravelotte, Bétange, les voient passer tour à tour, et l'on devine quels émouvants souvenirs les voyageurs rencontrent à chaque pas. Partout des tombes, partout les traces de la guerre sanglante, partout des monuments de deuil, dont les pierres crient vengeance. Aussi cette première partie est-elle animée d'un grand souffle patriotique. Le regret et l'espérance s'y unissent et leur mélange donne au fond et à la forme, je ne sais quelle mélancolie pénétrante, dont le charme vous enveloppe et vous fortifie à la fois.

Suivant les bords de la Moselle, nos touristes vont ensuite visiter Trèves, l'antique cité; de là, ils traversent le Luxembourg, et, s'enfoncent dans l'Eifel, ce pays aride et pittoresque, aujourd'hui encore inexploré. Ici, les détails curieux et piquants surabondent : descriptions, études de mœurs, surprises à telles enseignes, qu'on est entraîné malgré soi, et qu'on regrette d'arriver si tôt à la fin de ce beau et bon volume.

Manuel Théorique et Pratique d'Horticulture, par un Religieux de 26 ans de pratique et d'enseignement, nouvelle édition, 1 vol. in-12 de 700 pages, *prix*: 4 fr. *franco*, par la poste: 4. fr. 70.

Ce volume contient des notions sur la botanique, la géologie, les amendements et les engrais ; la culture du jardin potager, un cours élémentaire d'arboriculture fruitière, un extrait de travaux à faire chaque mois de l'année. Cette nouvelle édition a été augmentée d'un traité complet sur les plantes floréales de plein air.

Nous recommandons et conseillons le manuel de notre « Jardinier ». Ce modeste anonyme a, pendant vingt-cinq ans, enseigné et pratiqué l'horticulture, il a la bonhomie d'en parler sans aucune apparence de prétention. Son livre n'est pas d'un aspect effrayant. A la lecture, il nous a paru parfaitement clair, complet, bien compris, et contenir tout ce qu'il faut. Un petit atlas de planches gravées donne, en une quarantaine de dessins, tout ce qui peut compléter le texte : éléments de botanique, greffe et taille des arbres. Le seul aspect du volume donne l'envie d'avoir un petit jardin. Souhaitons à ceux qui ont le jardin de tirer profit du volume.

La Route de la Sibérie; par Lucien Thomin, 1 vol in-12.................................... 2 fr.

Oh la terrible odyssée que celle du Français Léonce Murel et de son compagnon d'infortune, le noble polonais Worowski.

Tombés dans les griffes de ces tigres, à face humaine, qu'on nomme nihilistes, enchevêtrés dans un réseau savamment ourdi d'intrigues, de complots, de conspirations, les malheureux se sont vus, bien qu'innocents; jetés dans la troupe des *nietchasti* (forçats, et ils commencent ce voyage sans nom, qui, de Moscou, doit se terminer au fond de la Sibérie, dans les enfers de Nertchinsk.

Le cœur saigne plus d'une fois au récit des horribles souffrances endurées par les martyrs. C'est que, on le sent, tout est réel dans ces pages émues. Léonce Murel, l'artiste français, que sa jeunesse rend si intéressant, le prêtre polonais Worowski partant à travers les neiges vers le « pays d'où l'on ne revient pas. »

La voie où s'engagent les captifs est celle que suivait, dix-huit ans plus tôt la longue chaîne des forçats polonais coupables d'avoir défendu leur patrie et leur foi. Parmi eux, se trouvait la famille Worowski. Le vieux cosaque Vasilieff raconte les tortures infligées au chef de cette famille... Quelles scènes palpitantes d'intérêt !

Le *partyé*, ou convoi des déportés, traversa les steppes de la Russie, le fleuve Oural, et s'engagea au milieu des déserts de neige du pays des Kirghiz. Olga la nihiliste, Olga l'espionne, véritable génie du Mal, suit pas à pas le triste convoi. Son but mystérieux est digne d'elle. Enveloppée de fourrures au fond de sa kibitka, elle rêve à la fois au triomphe du nihilisme et à la conquête du trésor d'Ostrova. Le Juif Josué lutte avec elle de fourberie et d'habileté.

Le lecteur va d'émotion en émotion. Le désert glacé l'attire. Avec ses amis les déportés, il pénètre dans les sauvages régions de la mort. Là tout est péril : le froid, les bêtes féroces, la glace du fleuve qui se brise, le *bourane* (ouragan de neige) qui enveloppe la troupe ; l'ennemi le plus inexorable est cependant encore le traître...

Mais parcourez le livre, lecteurs; le voyage vous

semblera court. Il est d'une actualité palpitante, à cette heure où tous les regards sont tournés vers l'empire du tzar.

OUVRAGES DE LUCIEN THOMIN

Le Carnet Sanglant 1 vol. in-12........ 2 » »
Les Chevaliers de la Dynamite, in-12 2 » »
La Route de Sibérie 1 vol. in-12........ 2 » »
Les Tigres de la Néva 1 vol. in-12........ 2 » »
Le Secret Fatal 1 vol. in-12............ 2 » »

La cause de l'Hypnotisme, par M. l'abbé Ferret. 1 vol. in-12, prix : 3 fr.

L'hypnotisme et tous les phénomènes qui s'y rattachent ont, dans ces derniers temps, tellement préoccupé les esprits, qu'on ne saurait s'en désintéresser complètement. Un livre écrit avec méthode, mesure et sagesse, qui, plein de faits, étudierait la question sans parti pris et montrerait à quel agent secret il faut attribuer la cause de l'hypnotisme, serait certes le bien venu, et, tout en satisfaisant une légitime curiosité, il donnerait la véritable solution de cette importante question. Tel est le livre que vient d'écrire M. l'abbé Ferret, et que nous n'hésitons pas à recommander à nos lecteurs. Il est plein d'un réel intérêt, écrit avec verve et conforme à la sainte doctrine. *L'Univers.*

La Capricieuse, par C. Sabatier de Castres 2 volume. in-12, 4ᵉ édition, prix : 4 fr.

Soixante-quinze déportés à destination de la Guyane sont embarqués le 12 avril 1798, à Rochefort, sur la *Capricieuse*; ils font naufrage dans l'Océan Pacifique, et sept d'entre eux seulement (deux femmes et cinq hommes, dont un ecclésiastique) parviennent à se sauver. Ils échouent dans une île déserte, où ils s'arrangent une vie la plus confortable possible, et y sont découverts en 1834 seulement par un navire égaré dans ces parages.

Ce sont les mémoires de ces naufragés que l'on donne au public.

Ils sont instructifs et amusants; ils feront passer quelques heures utiles et agréables à ceux qui les liront. Ajoutons qu'ils sont écrits dans un bon esprit, et qu'à la différence de presque tous les *Robinsons* offerts au public, la religion catholique n'y est pas oubliée. (*La Gazette de France*.)

Rolland ou les aventures d'un brave, par H. B. DE LAVAL, officier de cavalerie, in-12 illustré. — prix franco : 1 fr.

C'est une épopée glorieuse, douloureuse et en même temps amusante de nos guerres d'Afrique, racontée dans le style militaire. Rolland, fils du peuple aveyronnais parle une langue colorée, pittoresque qui peut surprendre des oreilles d'académiciens, mais jamais les effaroucher, c'est avec des phrases expressives, des mots à l'emporte-pièce que se déroulent les empoignantes péripéties des Aventures d'un Brave.

Jérôme le Trompette, par le lieutenant-colonel L. de BEAUREPAIRE, 1 vol. in-12 illustré, prix *franco* 3 fr.

Ce roman est un épisode de la guerre de Catalogne, en 1811. Avec quel plaisir on parcourt ce livre écrit de main de maître. Le style en est précis, vif et énergique. Le caractère des héros est bien dessiné. On reconnaît dans ces pages l'âme du vieux soldat qui a vécu au milieu des champs de bataille, qui a connu, pour ainsi dire, ces braves qu'il dépeint avec tant de talent. L'action, bien menée, est éclairée par des images rapides; les portraits sont d'une couleur originale et puissante.

En lisant ce roman, il nous semble vivre au milieu de ces braves dragons qui occupaient Callados. Nous avons peur pour eux du fer, du feu et du poison dont ils sont, à tout instant, menacés. On serrerait volontiers la main à ce brave Jérôme, toujours au gué, toujours sur le qui vive. On s'associe à ce *loustic* de Vincent toujours en maraude. D'un autre côté, on partage l'aversion de ces braves pour ce brigand de Benedit, toujours au gué d'un moment propice pour planter son poignard dans le cœur de nos braves.

Et plus tard, quel serrement de cœur vous prend, lorsqu'on voit mourir, entre les bras de Jérôme, cette jeune espagnole tuée par son frère! C'est la mort dans l'âme que l'on contemple le front pâle de la jeune fille et l'air abattu de Jérôme. On s'intéresse à ce brave trompette, on le suit pour lui donner quelques consolations, mais on le voit bientôt tomber, frappé mortellement d'une balle, et c'est les larmes aux yeux que l'on quitte ce héros.

Il n'y a pas de livre meilleur que celui du lieutenant-colonel de Beaurepaire, pour donner aux jeunes conscrits et pour mettre dans les bibliothèques paroissiales. C'est un de ces auteurs qui veulent prouver et qui pouvent que l'on peut se rendre intéressant, tout en restant dans la note morale.

PÉTERSKI.

Trompe-la-Mort, par H. B. de Laval ancien officier de cavalerie, 1 vol. in-12, illustré de 5 gravures, prix 3 fr., franco : 3 fr. 30

Quelle fougue dans ce drame émouvant qui se déroule en quatre actes, rapides, pressés, concis, allant droit au but! Le premier acte nous montre le jeune Aveyronnais Jean Poulet sous les traits d'un diable-à quatre. Toutes les jeunes filles le fuient comme la peste. Il en est une pourtant, Angèle Rignac, qui l'accepte pour mari. Mais, après quelques années de mariage, Jean Poulet, sans rien dire à sa femme, s'enrôle dans la grande levée en masse de 1792. Second acte. Voilà Jean Poulet soldat. Il fait toutes les campagnes de la République et de l'Empire. Des exploits invraisemblales lui méritent l'énergique surnom de Trompe-la-mort, et lui valent peu à peu le grade de chef d'escadrons. Depuis son départ de Millau, on n'a jamais eu des nouvelles de Jean Poulet. Sa femme le croit mort. Elle a élevé très chrétiennement ses deux enfants : Blanche et Dieudonné. Tous deux se retrouvent, au soir de la bataille d'Eylau, près de leur père blessé, l'une comme sœur de charité l'autre comme conscrit. Jean Poulet est si mal au point qu'il ne peut les reconnaître. Le lendemain, les enfants écrivent à leur mère que leur père est passé de vie à trépas Troisième acte. Jean Poulet a survécu. Il revient dans ses foyers en 1815, et se fait le chef de tous les libertins et de tous les mécréants du pays. Un missionnaire, le père Jacques, prêche à Millau, devant une foule immense. Jean Poulet insulte le missionnaire et va jusqu'à le provoquer en duel. Quatrième acte. Le missionnaire accepte. Sur le terrain, le père Jacques pose son manteau — et qui apparaît devant les yeux épouvantés de Jean Poulet? Son ancien colonel avec toutes ses croix. Conversion édifiante de Jean Poulet. La mort, cette fois, ne lui fait pas grâce. Il est prêt, et il monte au ciel, tambour battant. Tout cela est raconté sans prétention, à la bonne franquette, mais avec une verve étourdissante.

Bulletin des Bibliothèques Populaires.

Les Chevaliers de la dynamite, par Lucien THOMIN, 1 vol. in-12 prix 2 fr.

Cet ouvrage est d'une actualité palpitante, à cette heure où les doctrines subversives de l'athéisme et du socialisme menacent à la fois la religion, la famille, la propriété, l'autorité, tout ce qu'il y a de saint, de respectable.

L'auteur a donné à sa thèse l'attrait puissant du roman. Il a pour scène le bassin houiller de Saône-et-Loire. Les types sont pris sur le vif et crayonnés de main de maître. Voici le docteur Dufresnay, démocrate farouche, sceptique, bourru et pourtant bienfaisant à ses heures. Inutile d'essayer d'analyser, — le lecteur ne nous le pardonnerait pas — les multiples événements qui amènent l'incrédule docteur à s'incliner sous la main de Dieu, qui le frappe rudement en la personne de son fils, devenu voleur grâce à la funeste influence du juif Abraham.

De nombreux personnages jouent un rôle dans ce livre. Le mineur Paul Didier intelligent, bon et pieux, tout dévoué à son vieux père, invalide des mines, est mis en parallèle avec Jacques Baudouin, l'impie, ivrogne, brutal, qui maltraite sa mère, lui refuse le nécessaire et finit par l'assassiner. Quelles scènes poignantes que celles du bois de

Sauvignes, où les anarchistes, réunis en tribunal, jugent Paul Didier accusé d'espionnage ! quelle scène aussi que l'entrevue du docteur avec sa nièce, la douce Madeleine, après le sac de son cabinet lorsqu'il a acquis la certitude de sa ruine Quelle scène que celle de la mort du faux comte ! d'Armagny, le mauvais génie.

Mais lisez ce livre, lecteur, il vous intéressera fortement et vous laissera au cœur de consolantes impressions, d'agréables souvenirs.

Histoire d'un Héros ou vie de Mgr Galibert, par l'abbé Teysseyre, 1 vol. in-12 illustré, prix : 3 fr.

A l'intérêt qui s'attache à tout ce qui touche à l'histoire de l'apostolat catholique en général, *la Vie de Mgr Galibert* joint pour nous l'intérêt tout particulier qui s'attache à cette éternelle question de l'Annam dont on parle tous les jours, trop souvent sans la connaitre suffisamment. Or, rien de plus intéressant que les renseignements que l'on rencontre dans cet ouvrage sur les origines de la question annamite ; rien de plus navrant aussi que le récit de l'affreuse persécution qui ensanglanta la Cochinchine pendant ces dernières années. Particulièrement profitable aux jeunes élèves du sanctuaire chez lesquels il pourra allumer la flamme de l'apostolat, ce livre sera lu avec avantage dans les familles chrétiennes et par tous ceux qui, aux émotions fades ou malsaines que procure la lecture d'un roman, savent préférer les salutaires enseignements que l'on puise à contempler un grand cœur et un beau caractère au service de la plus noble des causes.   *Semaine religieuse d'Avignon.*

La Science des nombres d'après la Tradition des siècles, 1 vol. in-12, Prix.... 3 fr 50

Un très curieux petit livre, et qui n'est pas connu comme il mériterait de l'être. M. l'abbé Marchand n'est pas seulement expert dans l'art du calcul. Il possède encore à fond la science des Nombres qu'il a étudiée d'après Platon, Pythagore, Archimède, les Pères de l'Eglise et les scolastiques du moyen âge. Son but est de vulgariser et de faire aimer cette science, de la montrer telle qu'elle est en elle-même, telle que l'ont comprise et pratiquée les maîtres de la Raison et les maîtres de la Foi, dans une vaste, vivante et harmonieuse synthèse. L'auteur y parvient. On n'a qu'à lire, pour s'en convaincre ses aperçus sur l'unité, sur la première série des nombres, sur leur classification, sa lumineuse explication de la table de Pythagore, ses études sur le calcul nonal, sur le triangle, sur le carré, sur le binôme de Newton. Ce sont des horizons tout nouveaux que l'abbé Marchand ouvre à l'esprit -- et chose extraordinaire, son livre, plein de chiffres, n'a rien d'aride. Tant il est vrai de dire qu'il y a de la poésie en tout. Seulement, il faut savoir la dégager. *Le Messager de Toulouse*

Une Page de la Révolution, par le R. P. Bergerac, capucin. 1 vol. in-12. prix. 1 fr 50.

Cette « page de la Révolution » nous raconte les épreuves des religieuses capucines de Marseille, de 1789 à 1803; l'opuscule est en même temps intéressant et édifiant; on suit avec émotion les religieuses dans les persécutions dont elles sont l'objet, persécutions que renouvelleraient volontiers certains de nos républicains, s'ils l'osaient et le pouvaient. *Revue Littéraire de l'Univers.*

Paris. — Imp. Téqui, 92 rue de Vaugirard.

www.ingramcontent.com/pod-product-compliance
Lightning Source LLC
Chambersburg PA
CBHW070457170426
43201CB00010B/1382